高校生のための

選挙入門

An Introduction to Election
for High School Students

斎藤一久 編著

三省堂

はじめに

投票に行ってみよう！

　投票日当日、どうやって投票するのか、よくわからない人が多いのではないでしょうか。
　投票所での投票を説明しましょう。

- まず投票するには事前に送られてくる**投票所入場券**が必要です。
- **投票時間は朝7時から夜8時まで**です。休憩時間などはありませんので、時間内であればいつでも投票できます。
- 投票はどこでもできるわけではなく、投票所入場券に指定されている場所で行わなければなりません。

〈見本〉
投票所入場券（登別市）

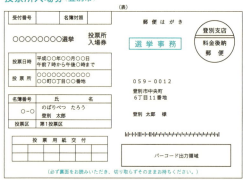

登別市のホームページ（http://www.city.noboribetsu.lg.jp/docs/2013022600071/）より。

投票所入場券（大垣市）

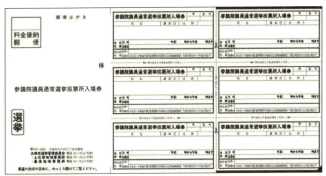

大垣市のホームページ（http://www.city.ogaki.lg.jp/0000018563.html）より。
※入場券は自治体の選挙管理委員会によって異なります。

- もし投票日当日に行けない人は、**期日前投票制度**を利用してください。
- 投票は選挙期日の公示日または告示日の翌日から選挙期日の前日までで、市町村役場などで投票できます。
- 入ってすぐに投票所入場券の確認作業があります。

名簿対照

- 確認後、**投票用紙をもらいます。**

新潟県選挙管理委員会のホームページ（http://www.pref.niigata.lg.jp/senkyo/1198688447676.html）より。

- 投票記載台に行って、置いてある鉛筆で記入します。候補者名の一覧表が前にあるので、そこから選んで、正確に書きます。

衆議院選挙の場合（P.14）

- **小選挙区**と**比例代表**の2回投票します。
- **小選挙区選挙の投票**

自分の選挙区の「候補者名」を書いて投票します。

- **比例代表選挙の投票**

投票用紙には「政党名」を書いて投票します。

※「がんばれ！」といった応援メッセージや「♡」など、関係ないことを書くと無効票になりますので、注意してください。

- 投票用紙は2つに折って、投票箱に入れます。

- 投票箱の前には、投票立会人の方が座っています。
- なお衆議院選挙の投票後、**最高裁判所裁判官の国民審査**（P.54）もあります。

最高裁判所裁判官国民審査

裁判官毎に行われ、有権者は辞めさせたい意思があれば
×印を、なければ何も記載せずに投票します。

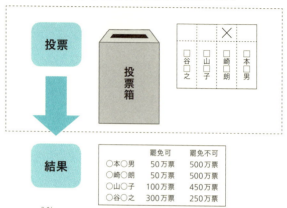

罷免可が罷免不可の票数を超えた場合、その裁判官は罷免されます。

総務省ホームページ(http://www.soumu.go.jp/senkyo/senkyo_s/
naruhodo/naruhodo04.html#chapter1)より。

参議院選挙の場合 (P.17)

- **選挙区**と**比例代表**の2回投票します。
- **選挙区選挙の投票**

自分の選挙区の「候補者名」を書いて投票します。

- **比例代表選挙の投票**

各政党の名簿に登載された「候補者名」または「政党名」を書いて投票します。

- 衆議院と参議院の議員選挙が同じ日に行われる**衆参同日選挙**の場合は、合計5回投票することになります。過去に、1980年6月22日と1986年7月6日の2回実施されたことがあります。

目次

はじめに：投票に行ってみよう！ ……002

第1章 選挙の基本 ……011

1 | 高校生でも投票に行っていいの？ ……012
2 | いまさら聞けない⁉ 日本の選挙制度 ……014
3 | 1人1票という原則 ……025
4 | 投票率はこのままでいいの？ ……035
5 | 留学生は選挙に行けないの？ ……044
6 | 塀の中の人たちには選挙権はないのか ……049
7 | 留学先でも投票できる？ ……052
8 | 衆議院選挙に最高裁の裁判官も立候補しているの？ ……054
9 | 憲法が100条もあると、改正も大変 ……058
10 | 「一の地方公共団体のみに適用される特別法」における住民投票 ……065
11 | センター試験対策 ……068

第2章 高校生のための選挙運動 ……073

1 | 突然の電話の正体 ……074
2 | 1票1000円で売りませんか？ ……080
3 | 友だちの家に行ってお願いする？ ……084
4 | インターネット選挙解禁：いいね！ ……087
5 | 選挙違反になると…… ……091

| 6 | 政党の党員になるには | 095 |

第3章 高校生のための政治活動 ……101

1	政治活動の今昔物語	102
2	内申書に書かれる？	109
3	制服デモ	113
4	署名は学校統廃合反対のときだけではない！	118
5	熱血先生の一押し	122
6	生徒会って、政治活動？	127

コラム

1	7条解散	022
2	当選のルールにも100点はない	023
3	AKB総選挙と株主総会	030
4	アダムズ方式って何？	031
5	野球部に民主主義はあるのか？	042
6	アクティブ・ラーニングとしての生徒会活動	071
7	選挙でアルバイト	078
8	選挙グッズの通販	079
9	被災地への寄付もダメ？	082
10	女子高生よ、まずは選挙に行こう！	098
11	定時制高校の生徒にとっての選挙	129

あとがき ……132
主要参考文献 ……134
主要索引 ……135
選挙に関係する英単語リスト ……138
執筆者一覧 ……140

デザイン　松田行正＋梶原恵

第1章

選挙の基本

1 | 高校生でも投票に行っていいの？

　高校生

18歳から投票できるとか、話を聞いたけど。高校生でも選挙に行っていいの？
働いてないし、税金も払ってないし、現代社会の時間とか寝てたしね(-.-)Zzzzzzz……。

　レクチャー

1 | 高校生でもOK

　2015年に選挙の基本について定めている公職選挙法が改正され、18歳選挙権が実現しました。つまり高校生でも有権者になるのです。働いているか、税金を払っているかは関係ありません。

　選挙権を20歳から18歳に下げるということは、20歳以上の人たちが持っていた選挙権をそのまま18歳以上の人たちが持つということです。

　日本における選挙権拡大の歴史については、日本史、現代社会や政治・経済の授業で習っていますので、知っている人も多いでしょう。

　日本で衆議院議員選挙が初めて行われたのは、1890年です。当時の有権者は、直接国税15円以上を支払う25歳以上の男子に限られていました。その後、1925年の普通選挙法により25

歳以上の男子となり、女性に選挙権が認められたのは戦後になってからです。18歳選挙権となり、有権者は総人口の83%程度になると言われています。

選挙で投票するのに、学歴や学力も関係ありません。中卒でも、高校を中退していたとしても、18歳以上ならばOKです。

■選挙権の拡大

選挙実施年	年齢・性別	財産	総人口に対する有権者の比率(%)
1890年	25歳以上の男子	直接国税15円以上の納付者	1.13
1902年	同上	直接国税10円以上の納付者	2.18
1920年	同上	直接国税3円以上の納付者	5.5
1928年	同上	制限なし	19.98
1946年	20歳以上の男女	同上	48.65
2016年	18歳以上の男女	同上	83.0?

※直接国税:地租(土地に課す税)と所得税のこと。1890年当時、国税のうち地租の割合は約60%で、所得税は1.7%ほどでした。

2 | どんな選挙で投票できるのか

18歳になったら投票できるのは、衆議院・参議院議員選挙、そして住んでいる自治体(都道府県・市町村)の首長や議会議員選挙などです。

そのほかにも、最高裁判所裁判官の国民審査(P.54)でも1票を入れることができます。また地方自治体におけるリコール(P.121)で、住民投票が行われますが、この投票でも投票権を有します。

2 | いまさら聞けない!? 日本の選挙制度

高校生

今度の選挙で、友だちが「小選挙区では○○さんが、比例代表では△△政党がいいよね」なんて言ってるんだけど、小選挙区とか比例代表って何だっけ？
中学のときに習った気もするんだけど……。

レクチャー

1 | 選挙制度の種類

　現在日本の国政選挙では、小選挙区制、大選挙区制（中選挙区制）、比例代表制の3種類が組み合わされて使われています。

　小選挙区制とは、1つの選挙区から1人の議員を選出する方法です。大選挙区制とは、1つの選挙区から複数の議員を選出する方法です。日本では1つの選挙区から3〜5人の議員を選出する方法を中選挙区制と呼んでいたことがあります。これも大選挙区制の1つです。

　そして比例代表制とは、各政党の得票率に応じて議席を配分する方法です。

2 | 衆議院総選挙

　衆議院選挙は正式には衆議院総選挙と呼びます。衆議院の任

期は4年ですので、4年ごとに選挙があると思うかもしれません。しかし、実際には内閣総理大臣がここぞと思ったとき（普通は与党が勝てると思ったとき）に、衆議院の解散がなされていますので、正確に4年ごとではありません。2000年代を見ると、2000年6月、2003年11月、2005年9月、2009年8月、2012年12月、2014年12月に衆議院選挙が行われているので、約2.5年に1回の計算になります。

> 日本国憲法45条
> 　衆議院議員の任期は、4年とする。但し、衆議院解散の場合には、その期間満了前に終了する。

　衆議院選挙は、小選挙区選挙と比例代表選挙の2つがあります。この2つが組み合わされて使われており、これを小選挙区比例代表並立制と言います。
　具体的には、衆議院議員475人のうち、小選挙区から295人が、比例代表から180人がそれぞれ選出されます（2016年5月時点）。

❶小選挙区選挙
　小選挙区選挙では、全国が295選挙区に分けられています。投票用紙には「候補者名」を書きます。選挙区で一番多くの票を獲得した候補者が当選します。

❷衆議院比例代表選挙
　比例代表選挙では、全国が11ブロックに分けられ、ブロッ

クごとに選挙が行われます。

選挙区	定数	区域
比例北海道ブロック	8	北海道
比例東北ブロック	14	青森県、岩手県、宮城県、秋田県、山形県、福島県
比例北関東ブロック	20	茨城県、栃木県、群馬県、埼玉県
比例南関東ブロック	22	千葉県、神奈川県、山梨県
比例東京都ブロック	17	東京都
比例北陸信越ブロック	11	新潟県、富山県、石川県、福井県、長野県
比例東海ブロック	21	岐阜県、静岡県、愛知県、三重県
比例近畿ブロック	29	滋賀県、京都府、大阪府、兵庫県、奈良県、和歌山県
比例中国ブロック	11	鳥取県、島根県、岡山県、広島県、山口県
比例四国ブロック	6	徳島県、香川県、愛媛県、高知県
比例九州ブロック	21	福岡県、佐賀県、長崎県、熊本県、大分県、宮崎県、鹿児島県、沖縄県

投票用紙には「政党名」を書いて投票します。

開票後、政党の得票率に応じて議席が各政党に配分され、事前に政党が提出した名簿の順位に従って当選者が決まります。政党が決めた名簿の順位に拘束されるので拘束名簿式と呼ばれています。

衆議院選挙の場合、小選挙区で立候補するのと同時に、比例代表からも立候補できる重複立候補が認められています。小選挙区では落選しても、比例代表で復活当選するチャンスがあります。

❸ 実際の選挙で考えてみる

実際に行われた2012年衆議院議員選挙東京1区（投票率61.15％）の上位5名の結果を見てみましょう。

候補者（所属政党）	得票数	得票率（%）	比例重複
山田美樹（自民）	82,013	29.3	○
海江田万里（民主）	80,879	28.9	○
加藤義隆（日本維新の会）	48,083	17.2	○
小斉太郎（みんなの党）	31,554	11.3	○
冨田直樹（日本共産党）	18,763	6.7	

この選挙区で当選したのは山田候補者です。しかし、海江田候補者も比例代表で復活当選しています。

■民主党の比例候補者名簿

名簿順位	氏 名	惜敗率(%)
1	海江田万里	98.6
1	松原 仁	98.3
1	菅 直人	87.9
1	末松 義規	80.3
1	手塚 仁雄	77.0

(惜敗率上位5名)

先に政党が比例代表の当選順位を決めることを説明しましたが、通常、政党は複数の候補者を同一順位として名簿を提出しており、惜敗率の高い候補者から当選させることにしています。なお惜敗率とは候補者の得票数を同一選挙区で最多得票選者の得票数で割ったもので、簡単に言えば小選挙区での「がんばった率」と言えるでしょう。

海江田候補は惜敗率が高かったため、比例で復活当選できたのです。小選挙区でなるべく票数を得ることが、比例代表での当選にもつながるのです。

ところで、小選挙区の欠点として、落選者に投じられた票、すなわち死票が多くなることが指摘されています。もし重複立候補が認められていないと、海江田候補者に投じられた80,879票の票がムダになってしまうのです。

3 | 参議院通常選挙

参議院選挙は正式には参議院通常選挙と呼びます。参議院議員選挙では全参議院議員242人のうち、選挙区から146人が、

比例代表から96人が選出されます。
　参議院議員は6年任期ですが、議員の半数（121人）ずつを改選するという制度を採用しているので、3年ごとに選挙が行われます。

> **日本国憲法46条**
> 　参議院議員の任期は、6年とし、3年ごとに議員の半数を改選する。

　衆議院同様、選挙区選挙と比例代表選挙があります。選挙区選挙は原則として都道府県ごと、比例代表選挙は全国を1つの区として行われます。半数改選なので、実際に1回の選挙で選出されるのは選挙区選挙で73人、比例代表選挙で48人となります。
　選挙区選挙では「候補者名」を、比例代表選挙では「候補者名」か「政党名」を書いて投票します。

❶選挙区選挙

　2016年現在、選挙区選挙は都道府県を単位として45選挙区に分けられています。
「都道府県の数って47じゃなかった？」と思う人も多いかもしれません。
　2013年の参院選までは都道府県ごとに選挙区が設定されていて47選挙区ありました。しかし人口の少ない県と、人口の多い都道府県との間での「1票の格差」が拡大し、都道府県ごとの選挙区が維持できなくなりました。

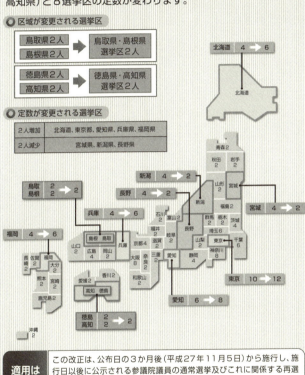

総務省のホームページ（http://www.soumu.go.jp/main_content/000378869.pdf）より。

そこで、2015年に見直しがなされて、鳥取県と島根県、徳島県と高知県が合区となり、それぞれ1つの選挙区として扱われるようになりました。

❷比例代表選挙

比例代表選挙では、全国を1つの比例区として選挙が行われます。

投票では、「政党名」または「候補者名」を書いて投票します。政党名が書かれた票は、そのまま政党の獲得票としてカウントされます。候補者名が書かれた票は、その候補者が所属する政党の獲得票としてだけでなく、その候補者個人の獲得票としてもカウントされます。

衆議院選挙の比例代表選挙と同じように各政党は候補者の名簿を作成します。ただし衆議院選挙の場合とは違い、名簿には順位が付けられていません。

衆議院選挙と同じように、政党の得票率に応じて政党に議席が配分されますが、参議院選挙では名簿に順位が付けられていませんので、どうやって当選者を決めると思いますか。

候補者名が記入された票が重要なのです。候補者個人に入れられた票に基づいて、得票数の多い人から順番に当選させていくのです。

4 ｜ ドント方式

衆議院・参議院議員選挙の比例代表では、政党の得票率に応じて政党に議席が配分されるとしましたが、この際に使われている配分方式が、ドント方式です。

これは各政党の総得票数をそれぞれ1、2、3、4……という整数で次々と割っていき、割った得票数の大きい政党順に議席を配分する仕組みです。

たとえば、定数8名としましょう。A党1,000票、B党700票、C党600票、D党280票を獲得したとしましょう。

政党	A	B	C	D
総得票数	1,000	700	600	280
割る数 1	1,000(1)	700(2)	600(3)	280(8)
割る数 2	500(4)	350(5)	300(7)	140
割る数 3	333(6)	233	200	93
割る数 4	250	175	150	70
割る数 5	200	140	120	56
当選者数	3	2	2	1

(1)、(2)、(3)……という順番で割り当てていき、A党は3議席、B党は2議席、C党は2議席、D党は1議席獲得できます。

得票数の多い政党にも少ない政党にも、比較的公平に議席を割り当てられるのが特徴と言われています。

さて皆さんも計算にチャレンジしてみましょう。

定数10名として、A党3300票、B党2100票、C党1200票、D党900票、E党600票獲得したとしましょう。どの政党が何人当選するでしょうか。下の表に書き入れてください。

政党	A	B	C	D	E
総得票数					
割る数 1					
割る数 2					
割る数 3					
割る数 4					
割る数 5					
割る数 6					
当選者数					

1 選挙の基本

答え

政党		A	B	C	D	E
総得票数		3,300	2,100	1,200	900	600
割る数	1	3,300(1)	2,100(2)	1,200(4)	900(7)	600
	2	1,650(3)	1,050(6)	600	450	300
	3	1,100(5)	700(9)	400	300	200
	4	825(8)	525	300	225	150
	5	660(10)	420	240	180	120
	6	550	350	200	150	100
当選者数		5	3	1	1	0

コラム1　7条解散

　中学校や高校の教科書には、衆議院の解散は憲法69条の場合しか説明されていないものが多いです。69条は「内閣は、衆議院で不信任の決議案を可決し、又は信任の決議案を否決したときは、10日以内に衆議院が解散されない限り、総辞職をしなければならない」と規定してあり、衆議院が内閣に対して何らかの働きかけをしないと、解散自体ができない規定になっています。

　しかし、戦後、69条に基づく衆議院の解散は4回しかなく、その他は7条に基づいて行われています。7条は「天皇は、内閣の助言と承認により、国民のために、左の国事に関する行為を行ふ」とあり、「国事に関する行為」として、その3号に「衆議院を解散すること」が掲げられています。

　一見、天皇が解散できるようにも読めますが、天皇は政治的な行為を行えませんので、「内閣の助言と承認」から内閣に解散の決定権があると解釈しています。天皇は内閣の「助言と承認」に基づいて、解散の詔書を作るだけとなっているのです。

　また内閣には内閣総理大臣だけではなく、財務大臣や農林水産大臣などの国務大臣もいますが、内閣総理大臣に最終的な決定権があるとされています。内閣総理大臣は国務大臣の任免権を持っており、解散に同意しない大臣を罷免することができるのです。実際、2005年の郵政解散を決定する閣議で、小泉純一郎首相は、その場で反対した大臣を罷免して、自らが罷免された大臣を兼任すると宣言し、解散を決定したことがあります。

コラム2　当選のルールにも100点はない

　選挙と言えば、1位の票を最も多く獲得した人が当選すべきだと考えてはいないでしょうか。これは生徒だけでなく、衆議院選挙の小選挙区などでも用いられている一般的な当選のルールです。

　しかし、当選のルールはこれだけではありません。IOC（国際オリンピック委員会）が2020年のオリンピックを東京で開催することを決めた際、東京、イスタンブール、マドリードのうちからどうやって決定したか覚えているでしょうか。過半数を獲得すれば当選しますが、過半数を獲得できない場合、上位2都市で決選投票を行うことになっています。東京はイスタンブールとの決選投票で勝ちましたね。

　仮定の話ですが、候補者のうち好きな人に順位を付けられる制度を導入したとしましょう（高橋昌一『理性の限界』〔講談社、2008年〕参照）。有権者55名がA〜Eの5名の立候補者に対して、1位から5位までの好きな順位を記入して投票した結果、次のようになりました。なお「AがBより好き」または「BがAより嫌い」を「A＞B」と表します。

❶　A＞D＞E＞C＞B　　18名が投票
❷　B＞E＞D＞C＞A　　12名が投票
❸　C＞B＞E＞D＞A　　10名が投票
❹　D＞C＞E＞B＞A　　 9名が投票
❺　E＞B＞D＞C＞A　　 4名が投票
❻　E＞C＞D＞B＞A　　 2名が投票

　この結果を受けて各候補者は、それぞれ次のように主張しました。

◇A候補：1位票が18票と一番多い私Aが当選だ。
◇B候補：確かに1位票はA候補が最も多いが18票では過半数には達していない。1位票獲得上位2名による「決選投票」を行うべきだ。上位2名の決戦となると、A候補よりも私Bの方がよいと思う人、つまりB＞Aは①のパターン以外の合計37名となるから、37対18で私Bが当選だ。
◇C候補：1位票の最も少ない最下位候補を順番に除外し再投票を繰り返す「勝ち抜き決選投票方式」を行うべきだ。まず1位票が6票と最も少ないE候補が脱落する。この結果⑤のパターンではB候補に4票、⑥のパターンはC候補に2票が上積みされる。次にD候補が脱落する。この結果④のパターンのC候補が9票上積みされる。これらの上積み票を計算すると、A候補＝18票、B候補＝16票、C候補＝21票となる。この結果、B候補が脱落し、A候補とC候補の決選となる。B候補が1位の②のパターンを見ると、C＞Aなので、

> CへB候補の16票が上積みされる。したがって、A候補＝18票、C候補＝37票となり、私Cが当選だ。
> ◇D候補：1位票＝5点、2位票＝4点、3位票＝3点というふうに順位別に点数をつけていく。その総合得点の最も多い者を当選者とすべきだ。そうすると、A候補＝127点、B候補＝156点、C候補＝162点、D候補＝191点、E候補＝189点となる。この結果、191点の私Dが当選だ。
> ◇E候補：それぞれ1対1で立候補者を比較する「総当たり決選投票方式」を行うべきだ。私Eと他の候補とを1対1で比較すると、次のような結果となる。E：A＝37：18、E：B＝33：22、E：C＝36：19、E：D＝28：27。よって私Eが当選だ。

　同じ選挙結果でも、全員が当選できる可能性があるのです。つまりどのような当選のルールを選ぶかによって、当選者も自ずと決まってくるのです。

　となると、私たちが気の付かないうちに、ある特定の人たちに有利なルールが設定され、それが当然で正しいと思い込んでいる可能性があります。小選挙区や比例代表などの当選のルールも、作っているのは国会です。国会議員も人間ですから、もしかすると自分たちにとって都合のよいルールを作っているかもしれません。

　世の中にある社会的な制度や仕組みを一度は疑ってみることが必要でしょう。社会科ではこれをクリティカル・シンキング（批判的思考力）と言っています。OECD（経済協力開発機構）が次世代の教育として構想するEducation2030の中にも重要なキーワードとして語られています。

3 | 1人1票という原則

 高校生

18歳選挙権が実現しても、選挙に行くのはおじいちゃんやおばあちゃんが多いから、私たちの声ってあんまり政治に反映されにくいんじゃない？
若者は1票入れると、2票分にするとか。子育て世代には、子どもの人数分をプラスしてもいいんじゃない？

 レクチャー

1 | プラス1票は許されるか？

　2015年4月に公表された政府の人口推計によると、2014年10月1日時点で、0〜14歳が1623万3千人、15〜64歳が7785万人、65歳以上（高齢者）が3300万人となっています。

　日本の人口の中で高齢者の占める割合が高くなるのに加えて、若い世代の人たちがあまり投票に行かないといった傾向もあり、高齢者世代の政治への影響力が大きくなっています。

　これは「シルバー民主主義」と呼ばれますが、年金、医療、介護など高齢者向けの財政支出が増える一方、教育や子育てなどへの支出は縮小するため、問題視されています。

　先の高校生のように、投票率の低い若者にはプラス1票にするとか、子育て世代には、投票権がない子どもの分も反映できるように、子どもの数分プラスした方がいいのではないかとい

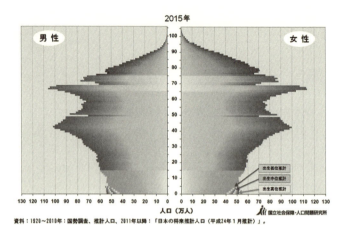

国立社会保障・人口問題研究所のホームページ（http://www.ipss.go.jp/site-ad/TopPageData/2010.png）より。

う気持ちも理解できなくはありません。

このような制度は、昔、イギリスやベルギーなどで行われていたことがあるのです。複数投票制度と呼ばれます。

しかし日本国憲法のもとでは、このような制度は認められないとされています。

憲法は一人ひとりが平等あることを定めており、とくに選挙権については「人種、信条、性別、社会的身分、門地、教育、財産又は収入によつて差別してはならない」（44条）としているからです。

生徒会選挙でも、衆議院選挙でも1人1票（one person, one vote）という選挙の基本は維持されなければならないのです。

> **お金持ちなお父さんにはもう1票?**
>
> 19世紀末のベルギー憲法では、納税額や家族の有無、学歴で有権者1人が持つ票数に差が付けられていました。まず25歳以上の男子に投票権を1票与える。そして35歳以上で妻と子どもがおり、年5フラン以上の税金を納めている者にプラス1票を与えて合計2票とする。また25歳以上で大学を卒業している者にはプラス2票を与えて、合計3票とする。こんな具合です。
>
> 結果、有権者の数はお金持ちよりも一般大衆(労働者)の方が多いのにもかかわらず、お金持ちの意見がより政治に反映されるようになったのです。その後、平等選挙を求める声が強くなり、1921年には憲法が改正されて複数投票制は廃止されました。

2 | 「1人1票」の現実

1人1票が原則といっても、1992年の参議院選挙では神奈川県で投じた1票が鳥取県の1票のわずか0.17票分しかないことがありました。なお当時は参議院選挙は都道府県代表であるというのが常識で、都道府県を合区にするという発想はあまりありませんでした。

もちろん地方創生などが叫ばれていますので、疲弊している地方の1票を大都市の2票分の価値にするというのもアイデアとしてはあります。しかし憲法は1人1票を原則としていますので、1票の重みの違い、すなわち1票の格差はあってはならないのです。

しかし、完全に1対1にすることは実は不可能であるというのも事実です。

たとえば衆議院選挙の小選挙区の区割(くわり)について、完全なる1対1を目指し、市町村の境目を無視して、線引きするということが本来、求められるかもしれませんが、市町村という単位は現実的には崩せません。

また区割は国政調査に基づき10年ごとに見直されることになっていますが、その間、誰がどこに何人引っ越すか、人口の流出入も確実には予測できません。

ですので一定の格差はやむを得ないのです。しかし1対2以上になると、有権者数の少ない選挙区では1人で2票分以上の価値を持つことになりますので、これは1人1票の原則からはずれるためダメなのです。

ところで、衆議院・参議院選挙で投票できるとして、みなさんの1票はどのくらいの価値があるのでしょうか。衆議院選挙では0.43票分、参議院選挙では0.2票分の価値しかない選挙区もあります。『一人一票実現国民会議』のホームページ（http://www.ippyo.org/）をぜひチェックしてみてください。

3 | 1票の格差の是正

区割も含めて選挙については公職選挙法が定めていますので、本来、格差を是正(ぜせい)するのは国会の仕事です。もっとも区割を変えたり、定数を減らしたりすることは、自動的に国会議員のリストラにつながります。

そのため、格差を是正するための改革は後手後手に回っており、裁判所で1票の格差が争われることが多くなっています。

最高裁判所では、2回、選挙を違憲と判断したことがあります。1つは1976年に最高裁大法廷で下された判決で、兵庫5区と大阪3区の間で最大格差が4.99倍となった1972年衆議院選挙（当時は中選挙区制）を違憲と判断しました。もう1つは1983年の衆議院選挙で最大格差4.4倍が違憲とされました。

　ただし無効、つまり選挙をやり直しなさいとは命じませんでした。これは選挙を無効とすると、他の選挙区で当選した議員も失職することになり、国会の活動が事実上ストップしてしまうからです。場合によっては違憲の選挙区割も見直せません。

　また参議院選挙については、1996年に最高裁は最大格差6.59倍となった1992年の参議院選挙を違憲状態であると判断しました。

　違憲状態とは、格差が憲法の求める平等に違反しているが、国会がそれを是正するための期間がまだ経過しておらず、国会もそれなりの努力をしているので今回は大目に見てあげようということです。

　しかし、2010年代に入り、衆議院選挙では3回、参議院選挙では2回すでに違憲状態判決が出されています。

　これに対応するために、参議院選挙については先にも示したように2015年に合区などの改革が国会で行われました。

　また、2016年5月、1票の格差を是正するため、衆議院選挙の小選挙区の定数を6減し、比例代表の定数を4減する公職選挙法の改正がなされました。ですので、衆議院の定数は465となる予定です。さらに、国勢調査の結果をもとに、都道府県の人口比に基づいて定数を割り当てる「アダムズ方式」（P.31）を2020年以降に導入する法改正も行われています。

○は合憲判決、△は違憲状態判決、×は違憲判決を示す。
佐藤令「衆議院及び参議院における一票の格差」国立国会図書館『調査と情報』714号（2011）
5頁に掲載されている図1を参考。

コラム3　AKB総選挙と株主総会

　総選挙というと、高校生にとっては、衆議院議員の選挙よりも、AKB選抜総選挙のことをすぐに思いつくかもしれません。AKBの場合は、ファンクラブ会員やMobile会員のほか、指定されたCDを買って、中に入っている投票券から携帯で投票を行うという方法です。つまり衆議院選挙は1人1票ですが、CDによる投票券の場合、CD1枚で1票になり、CDを買えば買うほど、票が多くなります。1CD1票原則と言えます。

　これに似た制度が、株式会社にもあります。株式会社では、会社に出資した人の持ち分のことを株式と呼んでおり、会社の運営方針を決める最高会議である株主総会では、1株1票が原則となっています。

　ですから多くの株を持っている人が、会社の運営に対して発言力

があることになります。また企業を買収する際に、株式の買い付けを通じて、50パーセント以上保有することが目指されますが、これは1株1票だからできることです。

なお東京証券取引所のような株式市場に株を上場している企業には有価証券報告書が義務付けられており、それを読むと多くの票数を持っている人（大株主）がわかります。

衆議院総選挙などにおける1票はあくまで有権者という「人」であることによって平等に与えられることに意義がありますが、社会には必ずしも1人1票ではないこともあります。

コラム4 アダムズ方式って何？

2020年に行われる国勢調査後の衆議院選挙で導入されることになった「アダムズ方式」ですが、名前は聞いたことがあるけれど、「一体、何だろう？」って思っている人が多いでしょう。

日本で言われるアダムズ方式とは、人口の少ない県にも定数を割り当てるための1つの方法です。キーワードは「切り上げ」です。

なんだか難しそうなので、ストーリー仕立てで説明してみましょう。

橋が壊れちゃった

あるところにA村（人口1000人）・B村（800人）・C村（200人）という3つの村がありました。とある夏の日、この地域を台風が襲い、3つの村をつなぐY字の橋が壊れてしまいました。

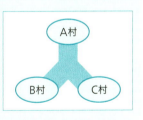

そこで、橋を修理するための費用3000万円をどのように分担するかを話し合うために、それぞれ3つの村で代表者を選ぶことにしました。

ただ、代表者が多すぎても困るので、3つの村合わせて10人にすることにしました。

ところが、3つの村の人口はバラバラでした。そこで各村に定数10人をどのように割り振るのかが問題になります。

ある若者が、それぞれの村から文句が出ないように、各村の人口に応じて代表者を選ぶのはどうだろうと提案しました。

3つの村の人口を合わせると2000人です。そして定数が10なので、単純に考えて、200人あたり1人の代表者がいればよいことになります。

	人口	基準値	代表者
A村	1000	200	5
B村	800	200	4
C村	200	200	1
合計人口	2000		10

この方法だと、各村の人口に応じて代表者の人数が決まるので、人口に応じた発言力を各村は持つことができます。

また人口に応じて、3000万円の橋の修理費用も負担しようという話もまとまりました。

	人口	基準値	代表者	修理負担金
A村	1000	200	5	1500万円
B村	800	200	4	1200万円
C村	200	200	1	300万円
合計人口	2000		10	

30年後、また橋が壊れちゃった

……と、それから30年後、再び台風で橋が壊れてしまい、修理のために3000万円を負担する必要が出てきました。3つの村の人々は、昔と同じようにして解決しようとしました。

しかし、厄介な問題が生じてしまいます。というのも、この30年の間に、A村の人口が100人増え、逆にC村の人口が100人減っていたのです。

3つの村の合計人口は変わっていないので、昔と同じように、200人に1人の代表者を割り当てる方法をとると、100人しかいないC村からは1人も代表者を選べなくなってしまいます。

	人口	基準値	代表者	修理負担金（極端な例）
A村	1100	200	5.5人	0円
B村	800	200	4人	0円
C村	100	200	0.5人	3000万円
合計	2000		10人	

そうなると、C村からの代表者がいないので、極端な話、「修理費を全額負担させてしまおう！」なんてことにもなりかねません。当然、C村の人たちはこの方法には猛反発します。

そもそも、定数は人数なんだから整数じゃなきゃいけないのに、小数点がついてしまっています。さてどうすべきか…。

老人あらわる

みんなで悩んでいるところ、1人の老人があらわれました。その老人は次のように提案しました。

「小数点以下を『切り上げ』してごらん」

	人口	基準値	代表者→切り上げ
A村	1100	200	5.5人→6人
B村	800	200	4人→4人
C村	100	200	0.5人→1人
合計	2000		11人(1人オーバー)

なんと、C村からも代表者が1人選べることになるのです。

ただし、この方法だと、代表者の合計が11人になってしまって、1人オーバーしてしまいます。

「切り上げ」を前提として、定数を10にすることはできるのか……？ 村の人が頭を悩ませていると、先ほどの老人がこうつぶやきました。

「定数の合計が10になるように基準値を変えてごらん」

村人たちの試行錯誤

まず村人たちは、210人に1人の代表者となるように基準値を変えて計算してみました。

	人口	基準値	代表者→切り上げ
A村	1100	210	5.2人→6人
B村	800	210	3.8人→4人
C村	100	210	0.4人→1人
合計	2000		11人(1人オーバー)

まだ定数の合計が11人です。

そこで次に村人たちは、220人に1人の代表者となるように基準値を変えてみました。

	人口	基準値	代表者→切り上げ
A村	1100	220	5人→5人
B村	800	220	3.6人→4人
C村	100	220	0.4人→1人
合計	2000		10人

すると、定数が10ピッタリになりました。

つまり、「切り上げ」を前提として、220人あたり1人の代表者が選ばれる方式をとれば、C村も代表者を選んで、橋の修理のための議論に参加できることになるのです。

この方式で各村に定数を割り当て、話し合いも無事に終わり、橋の修理も完了しましたとさ。

……と、このストーリーにもあったように、小数点以下を「切り上げ」ると、人口が少ない村であっても定数が1与えられることになるんですね。このように小数点以下を「切り上げ」ることがアダムズ方式の特徴です。

ちなみに、途中で登場した謎の老人は、「アダムズ方式」という名前の由来になっている、ジョン・クインシー・アダムズ（第6代アメリカ合衆国大統領）をイメージしています。

ジョン・クインシー・アダムズの肖像画
National Archives and Records Administration（アメリカ国立公文書館）,
〔National Archives Identifier:528668〕より。

4 | 投票率はこのままでいいの?

高校生

18歳選挙権が実現したけど、みんな本当に投票に行くのかなぁ。
投票日は、部活とか、塾とかあるとか言ってたし……。
いっそのこと、スマホで投票できるとありがたいんだけど。

レクチャー

1 | 投票率の現状

　高校生の指摘はまさに的を得ています。18歳選挙権が実現しても、投票率が上がるかどうかはよくわからないのです。
　大人でも投票に行かず棄権する人って意外と多いですから。
　過去の国政選挙の投票率を見てみましょう。
　衆議院選挙では1958年に76.99%、参議院選挙では1980年に74.54%という高い投票率を記録したこともあります。しかし2000年代に入ると、衆議院選挙が52〜69%で平均すると62%です。参議院選挙も52〜58%あたりで、平均は56%です。
　高校の生徒会選挙で棄権する人っていたでしょうか。それと比べると、10人中6人しか投票していないって、あり得ないですよね。

総務省ホームページ「国政選挙の投票率の推移について」(http://www.soumu.go.jp/main_content/000255919.pdf)に基づいて作成。

　次のグラフで投票率を年代別に見てみましょう。

　20代の低さが目につきます。衆院選・参院選ともに一度も50％を超えておらず、参院選にいたっては40％すら超えないという状態がここ15年続いています。

　20代の投票率が最低を記録したのは1995年参院選の25.15％です。4人に1人しか投票に行っていないんです。実はみなさんのお父さん、お母さん世代です！

　衆議院選挙での20代の最低投票率は2014年の32.58％です。18歳選挙権が実現しても、10代の投票率はこの程度が現実的なのかもしれません……なんて言われたくないですね。

2000年以降の国政選挙における年代別投票率

■衆議院議員総選挙

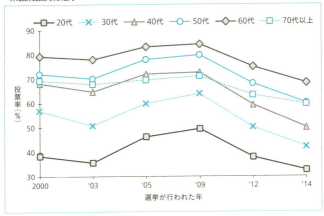

■参議院議員通常選挙

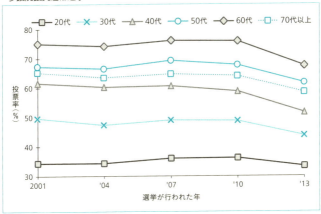

総務省ホームページ（http://www.soumu.go.jp/senkyo/senkyo_s/news/sonota/nendaibetu/）より。

ところで、投票率を棄権した人を数で示すと、さらにびっくりするでしょう。
　たとえば、安倍晋三内閣が成立した2014年衆議院選挙の投票率は全体で52.66％（衆院選としては戦後最低）でしたが、このときに棄権した人の数は約4921万人にもなります。なんと関東1都6県の合計人口を上回る人が棄権してるんです。
　「こんな低い投票率でも有効なの？」と思う人もいるでしょう。日本の国政選挙では最低投票率が決められていません。ですので、どんなに低い投票率であっても無効とはされないのです。

2 ｜ 投票率の高い国の秘密

　日本とは逆に、投票率が高いことで有名なのはオーストラリアです。なんと1925年から現在に至るまで、連邦議会議員選挙で90％を下回ったことがありません。
　その秘密は強制投票制度にあります。オーストラリアでは投票が義務化されており、正当な理由なく棄権した人に対して20オーストラリアドル（約1700円）の罰金を科すことが法律で定められています。この制度が導入されて以降、オーストラリアでは高い投票率をキープしているのです。

■オーストラリア連邦議会選挙の投票率　　　　　　　　　　（単位％）

	上院	下院
2001年	95.20	94.85
2004年	94.82	94.32
2007年	95.17	94.76
2010年	93.83	93.22
2013年	93.88	93.23

Australian Electoral Commission (http://www.aec.gov.au/Elections/australian_electoral_history/Voter_Turnout.htm) より。

3 | 日本でも強制投票制度を!?

　投票率の低さが問題となっている日本にとって、強制投票制度は魅力的に思えるかもしれません。選挙に行かなかった人に2千円を課すとしたら、投票率は確実に上がるでしょう。しかし果たしてそれでいいのでしょうか。

　投票は、権利です。それを行使するかどうかは本人の自由でしょう。

> **日本国憲法15条1項**
> 　公務員を選定し、及びこれを罷免することは、国民固有の権利である。

　憲法は、議員（議員も「公務員」です）を選ぶことは、「権利」と明言しているのです。加えて15条4項には「選挙人は、その選択に関し公的にも私的にも責任を問はれない」とも定められています。

　他方、投票することは、私たちが主権者として、政治の代表者を選び出すという重要な仕事（公務）に参加するという要素も否定できません。

　選挙は権利か、公務か。後者を重視すれば、強制投票制度も導入することが可能ですが、現在では前者が重視されていると捉えることができます。

　また、あまり政治に興味がない人たちに無理やり投票させると、現実的には問題もありそうです。今でも、政策などではなく、有名人だったり、容姿端麗といったことで、誰に投票する

かを決めている人も多いのですが、そのような人たちの票が政治でも大きな影響力を持つとなると、これはこれで問題です。

それに有権者の10%が棄権したとすると、1000万人ぐらいの計算になりますが、これだけの人たちから罰金を取るのはかなり大変ではないでしょうか。

また、宗教上の理由から、政治的に中立の立場でいたいということで、投票に行かない人もいることを忘れてはならないでしょう。

4 ｜ 投票率を上げるためには

投票率を上げるために、強制投票以外に、どんな方法があるでしょうか。

過去最低の投票率となった2014年衆議院選挙に関する意識調査があります。

明るい選挙推進協会「第47回衆議院議員総選挙の実態」より作成。

「選挙にあまり関心がなかったから」が一番多いですが、総務省や各自治体の選挙管理委員会による広報、そして政治教育、

主権者教育などの教育が重要であることは言うまでもありません。皆さんの高校でも模擬選挙や模擬投票などが行われていると思いますが、ぜひ積極的に参加してほしいと思います。
「仕事があったから」に対しては、まずは期日前投票の拡大が必要です。以前は市役所や公民館などの限られた場所でしか期日前投票ができませんでしたが、現在では駅、ショッピングセンター、大学などにも期日前投票所が設置できるようになっています。期日前投票の時間も、自治体によって異なりますが、基本的には午前8時半から午後8時までとなり、仕事をしている人でも投票に行ける環境が整備されつつあります。

　コンビニで投票できたり、スマホで投票できれば、確実に上がるので、将来的に導入されるかもしれません。
「適当な候補者も政党もなかったから」については、投票率の低下が必ずしも有権者の責任だけではないことを示しています。たとえば2014年衆議院選挙の投票率は、2012年のそれよりも約7％も低下しています。

　これは2012年選挙が民主党から自民党への政権選択選挙であったのに対して、2014年選挙ではあまり対立軸がなかった、いや野党が示せなかったことが原因と考えられます。候補者、そして政党の側でも責任を自覚する必要があるようです。

　投票した人にはもれなく500円分の図書券を配る。投票した人は抽選会に参加でき、1等は世界一周旅行、2等は電気自動車。こんなのも夢があっていいですが、不純な動機に頼る選挙では日本はダメになりますね。

コラム 5　野球部に民主主義はあるのか？

　高校の部活や同好会では、部長や副部長をはじめとして、自分たちの代表者は自分たちで選びます。民主主義や選挙は、何も社会科の授業だけではなく、放課後などでも経験しているのです。
　今回は、野球部を例に、部活動と民主主義、そして選挙との関係について考えてみましょう。
　野球部には40名の部員が所属しているとします。うち2人はマネージャーですので、38名の中からベンチ入りできる20名（甲子園では18名）を選びます。
　民主主義からすれば、代表となって戦う20名を生徒自身に選ばせることが求められます。実際、私の勤務する高校では各背番号（ポジション）にふさわしいと思う生徒名とその理由を投票用紙に記入し、その得票数によって背番号を決定しています（後掲）。
　しかし、生徒の意見をそのまま反映することに問題点がないとは言えません。それは、生徒の選んだ20名と「勝つ」ために必要な20名とでは少なからぬズレが生じるからです。
　生徒が選ぶ場合、野球の実力だけではなく、友人関係や人柄なども考慮して投票することが多いでしょう。しかし高校野球といっても、「負けたら終わり」の一発勝負です。誰も「負けてもいい」メンバーでよいと思うはずはありません。とくに監督という立場からすると、自分の生活もかかってくるわけですから、「勝てる」メンバーで行くしかありません。
　こうなると、生徒の意見をそのまま反映させるのか、それとも生徒の意見は参考に過ぎず、監督が最終決定するのか、難しい選択を迫られることになります。
　このような困難さはありますが、生徒の意見を反映できる制度は部活でも重要です。やはり自分たちのことは自分たちで決めるという民主主義を実感できるからです。国政選挙の疑似体験の場は、模擬投票だけでなく、部活動の場にもあると考えてもよいのではないでしょうか。

2015年　秋　ベンチ入り投票用紙

※名前の漢字間違え、読みにくい汚い字のもの、ふざけて書いたとみなされるものは無効とするので注意すること

記入者　学年_____年

背番号	名前	学年	理由　（できるだけ細かく書くこと）
1			
2			
3			
4			
5			
6			
7			
8			
9			
10			
11			
12			
13			
14			
15			

1 選挙の基本

5 │留学生は選挙に行けないの?

高校生

ドイツからの留学生がうちのクラスにいるけど、彼女はドイツ人だから選挙に行けないのかな。
でも、私より、日本の政治のことよく知ってるし。この前の現代社会の授業でも、いい意見言ったし……。

レクチャー

1 │外国人の選挙権

　日本は憲法で国民主権を採用しています。国民主権とは国民がその国の政治について最終的に決定することができるということです。

> 日本国憲法
> 前文
> 　日本国民は、正当に選挙された国会における代表者を通じて行動し……ここに主権が国民に存することを宣言し……。
> 1条
> 　天皇は、日本国の象徴であり日本国民統合の象徴であつて、この地位は、主権の存する日本国民の総意に基く。

ですので、政治の代表者を選ぶ選挙権も日本国民にしか認められません。憲法15条でもそのことについて書かれています。なお「公務員」には議員も含まれます。

> **日本国憲法15条1項**
> 　公務員を選定し、及びこれを罷免することは、国民固有の権利である。

憲法15条を受けて、公職選挙法には国政選挙および地方自治体の選挙は日本国民に限るとされています。

> **公職選挙法9条**
> 1　日本国民で年齢満18年以上の者は、衆議院議員及び参議院議員の選挙権を有する。
> 2　日本国民たる年齢満18年以上の者で引き続き3箇月以上市町村の区域内に住所を有する者は、その属する地方公共団体の議会の議員及び長の選挙権を有する。

ところで、日本国民と外国人を分けるものは何でしょうか。もちろん日本語が話せるかどうか、日本食が好きかどうかではありません。国籍です。

つまり日本国民とは日本国籍を取得した人のことです。詳細は国籍法で規定されていますが、お父さんまたはお母さんが日本人であれば、生まれたときに日本国籍を取得し、日本人になれます。

また日本への帰化によって日本国籍が取得でき、日本人になることができます。

2 ｜ 外国人の選挙権は本当に認められないのか？

外国人というと、観光に来ている人たちが思い浮かぶかもしれません。学校のクラスには留学生もいますね。

高校生が指摘したように、留学生にも投票権があれば、多様な意見が反映されて、日本の民主主義がより豊かなものとなる可能性があります。

しかし、留学生のような短期滞在者に選挙権を認めようという主張はあまり聞きませんし、やはり国民主権からすると、日本国籍を有しない留学生には認められないでしょう。

ただし日本に何年も暮らしている永住者の人たちの選挙権が議論されています。とくに在日コリアンや台湾人およびその子孫の人たち（特別永住者）は、日本で生まれ、日本の学校に通い、日本人と同じ生活を送っている人が多いのです。そのほか、一般永住者として、10年以上、日本に住んでいる人たちもいます。彼らは2015年末の段階で合わせて約103万人いると言われています。

日本人と同じように税金を支払っていますし、日本に生活している以上、政治や行政に対する要望は彼らにもあるはずです。たとえば都市部で保育園が不足しているという待機児童の問題は日本人だけの問題ではありません。

衆議院・参議院選挙のような国政選挙については国民主権から、選挙権は認められないとされていますが、最高裁は地方選挙における選挙権については、憲法上禁止されていないという

考えを示したことがあります。

> **1995年2月28日の最高裁判決**
> 我が国に在留する外国人のうちでも永住者等であってその居住する区域の地方公共団体と特段に緊密な関係を持つに至ったと認められるものについて、その意思を日常生活に密接な関連を有する地方公共団体の公共的事務の処理に反映させるべく、法律をもって、地方公共団体の長、その議会の議員等に対する選挙権を付与する措置を講ずることは、憲法上禁止されているものではないと解するのが相当である。

もっとも民主党政権（2009年〜2012年）時に一時検討されましたが、外国人に選挙権を認める法律は制定されておらず、いまだ実現していません。

> **世界では？**
> 国立国会図書館の調査によると、OECDに加盟している30か国とロシアの中で、外国人に選挙権を一切認めていないのでは日本だけです。
> 多くの国では、国政レベルでは認めていないものの、地方レベルでは外国人にも選挙権が認められています。たとえば韓国では2005年に法律が改正され、永住資格を有する外国人の地方選挙権が認められるようになっています。

3 | 川崎市の「外国人市民代表者会議」という試み

　外国人の選挙権が認められていないことから、外国人の意見は直接政治には反映されませんが、間接的に反映させようという動きがあります。

　それが1996年から始まっている神奈川県の川崎市の外国人市民代表者会議です。

　18歳以上で川崎市に1年以上住民登録している人の中から公募で選ばれた26人以内の外国人市民代表者たちが、2年間の任期で外国人市民の代表者として自分たちに関わる市の政策について調査・審議し、市長に提言します。市長はこの提言に拘束されるわけではありませんが、尊重するように条例で定められています。

　2014年から始まった第10期の代表者の国籍・地域も、ベナン、アメリカ、ブラジル、朝鮮、ケニア、ロシア、韓国、タイ、ウクライナ、ネパール、マレーシア、台湾、中国、フィリピン、ベトナム、インド、ドイツと多彩です。

　市が作成する各種パンフレットやホームページの多言語化・イラスト化や、子どもの日本語・母語教育に関する支援の必要性などが提言され、実際に実現しているものも多くあります。

　このような取り組みは、川崎市だけではなく、岡山市外国人市民会議、神戸市外国人市民会議、豊田市外国人市民会議、浜松市外国人市民共生審議会など、全国的に広がりつつあります。

　同じ自治体で生活している外国人の意見は、外国籍住民だけではなく、日本国籍住民にとっても、より生活しやすい環境を作るきっかけをもたらしてくれる可能性があります。

6 | 塀の中の人たちには選挙権はないのか

高校生

この間、ニュースでやってたの見た？
あの刑務所のご飯はおいしそうだったよね。
あの人たちって、選挙に行ってんのかなぁ。行ってるんだったら、警備とか超大変そう……。

レクチャー

1 | 受刑者の選挙権

　裁判で有罪となり、禁錮以上の刑に処せられている者については、選挙権・被選挙権が停止されます。ですので、刑務所に入っている受刑者は選挙で投票することができません。

　なお少年院に収容されている場合は、選挙権は停止されていません。不在者投票制度を利用して投票することができます。

　また買収など選挙に関係する犯罪を犯して、罰金が科せられた人は刑務所に収容されていなくても選挙権・被選挙権が停止されます。期間は、判決確定後、5年または10年間です。

2 ｜ なぜ塀の中だと投票できないのか？

　選挙に関係する犯罪を行った人に対して、選挙権・被選挙権の停止という罰を与えることは、あまり問題があるとは思われないでしょう。選挙の公平性を損なうことをした人には、やはり選挙権・被選挙権停止で反省を促すのがよさそうです。

　その他、刑務所に入っている受刑者も悪いことをしたのだから、当然に選挙権も停止すべきと考える人も多いでしょう。

　でも受刑者も国民であり、主権者とすれば、本当に選挙権を停止すべきでしょうか。

　停止の理由としては、受刑者は法に従おうとする精神（遵法精神）が欠けること、公正に選挙権を行使することが期待できないこと、刑務所の中では選挙に関する情報が集められないことなどが挙げられています。

　しかし、受刑者には人を殺したり、強盗や窃盗を職業のようにしている人たちだけではありません。交通事故であやまって人を死亡させてしまった人などもいます。彼らが全員、遵法精神がないとか、投票で不正をするはずだと言い切ってよいのでしょうか。

　また刑務所内であっても、本も読めますし、テレビを見ることもできます。それに選挙公報や政見放送を受刑者が見ることが法律で禁じられている訳ではありません。

　2013年に大阪高等裁判所は、受刑者が投票できないのは違憲だと判断しました。しかし、大阪高等裁判所の判決が出てからしばらく経ちますが、いまだに公職選挙法は改正されていません。

　ヨーロッパではオランダやドイツなどが受刑者の選挙権を認

めています。ヨーロッパの国々の人権違反事件を判断しているヨーロッパ人権裁判所では、イギリスにおいて受刑者に選挙権を認めていないことについて条約違反であると判断したことがあります。

　たとえば刑務所に投票所を設けることができれば、警備の必要なく、受刑者も投票することができるでしょう。普通選挙の理念からすれば、受刑者にも選挙権を与えるべきではないでしょうか。

ヨーロッパ人権裁判所（フランス・ストラスブール）

7 | 留学先でも投票できる？

高校生

今度、1年間、留学するんだけど、留学先のアメリカでも投票できるかな？

レクチャー

1 | 在外投票制度

　外国にいる場合でも、3か月以上、海外に住んでいれば、投票はできます。ただし衆議院・参議院選挙だけで、都道府県や市町村の選挙で投票はできません。

　手続としては、まず在外投票人の登録名簿に登録する必要があります。これは住んでいる国の大使館や総領事館で申請します。たとえばアメリカ合衆国のニューヨークに住んでいる場合、ニューヨークを担当しているニューヨーク総領事館に出向くことになります。登録が済むと、在外選挙人証が交付され、いつでも投票できる状態になります。

　実際の投票は、大使館か総領事館に出向くか、または郵便によります。日本に一時帰国している場合は、日本でも投票できます。

　在外投票は、2000年までは認められていませんでした。また2005年まで比例代表への投票に限られていましたが、2007年7月の参議院選挙から選挙区への投票もできるように

なりました。

　選挙区への選挙が可能となったきっかけは、2005年9月14日に下された最高裁の違憲判決です。判決では在外選挙の対象が比例代表選挙に限定されているのは立法の不備であると指摘しました。

登録申請の流れ

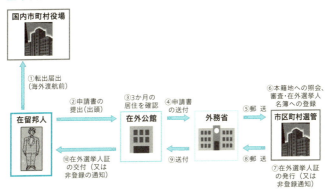

外務省のホームページ（http://www.mofa.go.jp/mofaj/toko/senkyo/flow.html）より。

2 | 洋上投票制度

　在外投票制度とは別に、海外の洋上を航海している船に乗船している船員にも投票制度があります。

　在外選挙同様、衆議院と参議院選挙だけですが、ファクシミリ装置を使って、投票を行います。

　たとえば、商船高等専門学校や海洋・水産高校の生徒が航海実習に出た際にも投票できることになります。

8 | 衆議院選挙に最高裁の裁判官も立候補しているの？

高校生

選挙のハガキが来たけど、「衆議院総選挙」の下に「最高裁判所国民審査」って書いてあるよね。
最高裁裁判官も立候補しているの？

レクチャー

1 | 最高裁判所国民審査

　衆議院選挙に、最高裁判所の裁判官が立候補している訳ではありません。最高裁判所の裁判官が裁判官としてふさわしいかどうかを国民が審査する投票があります。これが最高裁判所国民審査です。

　国民審査の投票は、衆議院選挙（小選挙区と比例代表）の投票が終わったあとに行います。

　投票用紙には「やめさせた方がよい」と考える裁判官の名前が書かれた欄に×印を記入します。

　×とした票が過半数を超えると、その最高裁裁判官は罷免されます。

　国民審査は、最高裁裁判官として任命された後にはじめて行われる衆議院選挙のときに1回目の国民審査に付されます。そ

して、その1回目の国民審査から10年が経ってからはじめて行われる衆院選のときに2回目の国民審査に付されます。

国民審査の投票用紙

山﨑 敏充	山本 庸幸	池上 政幸	木内 道祥	鬼丸 かおる	裁判官の名	一、やめさせた方がよいと思う裁判官については、その名の上の欄に×を書くこと。 二、やめさせなくてよいと思う裁判官については、何も書かないこと。	○ 注意
					×を書く欄		

最高裁判所裁判官国民審査法の別記を参考に、2014年に行われた国民審査の投票用紙を再現。

2 | 最高裁判所の裁判官

　最高裁の裁判官は、最高裁長官が1人とその他最高裁裁判官14人の合計15人います。最高裁長官は内閣の指名に基づいて天皇が任命します（憲法6条2項）。その他14人の最高裁裁判官たちは、内閣が任命することになっています（憲法79条1項）。

　最高裁裁判官は任命されれば、定年の70歳まで働くことができます。もちろん司法権の独立からすれば、裁判官の身分を手厚く保障しておくことは重要です。

　しかし、国民の声を無視して判断を下す裁判官も出てくるかもしれません。任命する内閣も自分たちに都合のよい判決ばかりを出すような最高裁裁判官を任命し続けるかもしれません。

このような事態にならないように、国民審査が憲法79条で定められています。

　なお高等裁判所、地方裁判所などの下級裁判所の裁判官は最高裁が作成した名簿によって内閣が任命することになっています（憲法80条1項）。つまり最高裁判所が誰を下級裁判所裁判官として任命するかを決めることができます。また任期が10年と定められていますが、通常は再任されますので、定年の65歳まで働けます。

3 | 国民審査で罷免された裁判官は誰？

　国民審査は戦後の日本国憲法で採用されたシステムで、1949年に第1回目の国民審査が行われてから、2016年5月時点までに合計23回行われています。

■2014年の国民審査の結果

裁判官	✕と記入した票の%
鬼丸かおる	9.21
木内道祥	9.57
池上政幸	9.56
山本庸幸	8.42
山﨑敏充	9.42

　しかし、これまで✕の票が過半数を超え、罷免された裁判官は1人もいません。

　これは何も記入していない票が自動的に信任と見なされる仕組みが原因ではないかと指摘されています。

　また実際のところ、最高裁の裁判官が誰で、どの裁判官がどの判決に関わったかを知っている人はほとんどいないことも

原因でしょう。たとえば2015年12月16日に最高裁では民法の女性の再婚禁止期間の規定を違憲とする判決が下されました。同じ日に、夫婦別姓を認めなくても合憲であるとする判決も出されましたが、どの裁判官が合憲と考え、どの裁判官が違憲と考えていたのかを知っている人は少ないでしょう。

それゆえ、国民の意思を明確に確認する制度として、信任は○、不信任は×、棄権は無記入という方法も提案されています。

最高裁判所の判決文

平成26年(オ)第1023号 損害賠償請求事件
平成27年12月16日 大法廷判決

主　文

本件上告を棄却する。

上告費用は上告人らの負担とする。

理　由

上告代理人榊原富士子ほかの上告理由について

第1　事案の概要

1　本件は、上告人らが、夫婦が婚姻の際に定めるところに従い夫又は妻の氏を称すると定める民法750条の規定（以下「本件規定」という。）は憲法13条、14条1項、24条1項及び2項等に違反すると主張し、本件規定を改廃する立法措置をとらないという立法不作為の違法を理由に、被上告人に対し、国家賠償法1条1項に基づき損害賠償を求める事案である。

2　原審の適法に確定した事実関係の概要は、次のとおりである。

(1)　上告人X_1（氏）x_1（名）（戸籍上の氏名は「A x_1」である。）は、Aaとの婚姻の際、夫の氏を称すると定めたが、通称の氏として「X_1」を使用して

（夫婦別姓訴訟の最高裁大法廷判決の判決文）

判決は結論としての主文、そして理由が書かれています。
最高裁判決だけは、理由の後に、判決の結論に異論がある裁判官の意見が掲載されています。ですので、最高裁判決を読むと、どの裁判官がどのような意見なのか、わかるのです。

9 | 憲法が100条もあると、改正も大変

高校生

憲法改正、憲法改正って言われてるけど、国会で決めるんだっけ？ 100条もあると、100回も○×付けるってことかなぁ。ちょっと面倒かも……。

レクチャー

1 | 憲法改正のための国民投票

　民法や刑法といった法律を改正しようとする場合、衆議院と参議院の過半数で議決すれば成立します。

　つまり法律を改正するかどうかの採決に国民は直接タッチしません。

　ところが憲法を改正しようとする場合には、まず衆議院と参議院で審議しますが、その後、総議員の3分の2以上の賛成を得て、国民に発議(ほつぎ)します。

　そしてその後に行われる憲法改正の国民投票で過半数の承認がなければ、憲法の改正はできません。

　このように日本国憲法は改正が難しい硬性憲法です。

> **日本国憲法96条1項**
> この憲法の改正は、各議院の総議員の3分の2以上の賛成で、国会が、これを発議し、国民に提案してその承認を経なければならない。この承認には、特別の国民投票又は国会の定める選挙の際行はれる投票において、その過半数の賛成を必要とする。

2 | 憲法改正国民投票の流れ

憲法改正については、日本国憲法では96条にしか規定がありません。細かい点については2007年に成立した日本国憲法の改正手続に関する法律（国民投票法）が定めています。

日本ではまだ憲法改正の国民投票が行われたことがありませんが、さしあたり憲法改正の流れをこの法律に基づいて紹介します。

❶投票できる人
投票できるのは、18歳以上の日本国民です。

❷衆議院・参議院での審議
改正の原案は1条ごとではなく、内容ごととされています。たとえば平和主義、環境権などのまとまりになると予想されます。

原案自体は、衆議院では100人以上、参議院では50人以上の議員の賛成がなければそもそも提案できません。

普通の法律の場合は、衆議院においては議員20人以上、参議院においては議員10人以上の賛成がなければ提案できない

ことになっていること(予算を伴う法律は、衆議院においては議員50人以上、参議院においては議員20人以上の賛成)から比べると、厳しい条件です。

原案は、憲法について総合的な調査を行う憲法調査会(衆院憲法調査会は50人の議員、参院憲法調査会は45人の議員で構成)で審査されたのちに、本会議に付されます。本会議で各議院の総議員の3分の2以上の賛成により発議されます。

❸投票日の設定

発議後、その日から60日以後、180日以内に国民投票が行われることになっています。具体的に投票日をいつにするかは国会が定めますが、遅くとも半年後までには投票日がやってきます。

❹国民投票広報協議会

発議がなされると、各議院から選任された国会議員によって組織される国民投票広報協議会が設置されます。

この協議会は、どのような改正案が発議されたのか、国会内でどのような賛成意見／反対意見が出されたのかをまとめた「国民投票公報」を作成し、投票日の10日前までに各世帯に配布します。

❺国民投票運動

「今度の憲法改正案にみなさんも賛成票を投じましょう!」といったように、改正案に対して賛成または反対の投票をしたり、投票しないようにする勧誘活動を、法律では国民投票運動と呼んでいます。

普通の選挙ではありませんので、公職選挙法は適用されません。ですので、選挙運動で禁止されているようなことも、国民投票運動では自由に行うことができます。

ただし、公立学校、私立学校を問わず、学校の先生が、自分の教育者としての地位に基づく影響力を使ったりすることは禁止されています。たとえば保護者会の席上や家庭訪問の際に憲法改正に賛成するように依頼することはダメです。

　また裁判官、検察官、選挙管理委員会の人たちの場合は、たとえ自らの地位を利用しなかったとしても、国民投票運動をすることが禁止されています。

　ところで何が「地位を利用する」にあたるのかは実は判断が難しいです。たとえば学校の社会科の時間に子どもたちに特定の憲法改正案に賛成・反対するように講話し、それが親に伝わっていくことが「地位を利用する」の例として挙げられたことがあります。しかし、子どもたちが先生の話を聞いて、親と憲法改正について話し合うというのは理想的な姿ではないでしょうか。

　いずれにせよ、国民投票運動も、表現の自由（政治活動の自由）や学問の自由に基づいて、原則として自由に行うことができるという視点を持つ必要があります。

❻ 投票日がやってくる

　投票用紙には「賛成」「反対」が書かれています。有権者は賛成・反対のどちらかに〇印を付けることになっています。

　先にも書いたように、国民に発議されるのは、まとまった内容のものとなっているので、1回の国民投票で100回も〇×を付けることはありません。

憲法改正国民投票の投票用紙

■投票用紙

総務省ホームページ（http://www.soumu.go.jp/senkyo/kokumin_touhyou/tohyou.html）より。

投票の結果、過半数が賛成した場合には、改正案は国民に承認されたと見なされます。

3 | 国民投票法の「落とし穴」

国民投票の手続きには注意しておきたい「落とし穴」が2つあります。

1つ目は最低投票率が定められていないことです。

最近の国政選挙の投票率は52％くらいです。もし国民投票でも同じくらいの投票率だとすると、52％の過半数、つまり実質的には有権者全体の27％が賛成すれば憲法改正は成立します。

国会議員選挙の場合、たとえ国会議員としてふさわしくない人が当選してしまったとしても、衆議院議員だと最長で4年、または参議院議員で6年が経過すれば任期が切れるので、国民には選び直すチャンスがあります。

しかし憲法改正の場合は、ある程度の時間が経ったからといって選択し直す機会が自動的に巡ってくるわけではありません。

そして2つ目は、国民の承認があったとされる「過半数」のカウント方法です。

法律では、有効投票総数として賛成票と反対票を合計した数の2分の1を超えた場合に、国民の過半数の承認があったとされています。

○印が書かれていなかったり（白票）、賛成・反対の両方に○印が書かれている票はすべて無効投票として扱われ、有効投票総数には含まれないのです。

確かに投票にあたって賛成か反対か、きちんと考えていない人の1票は無効で当たり前だと思うかもしれません。しかし十分に考え抜いたとしても、改正案の内容次第で、賛成・反対を決断しにくい場合があります。

たとえば9条に「核兵器をもたず、つくらず」という条文を新しく挿入する改正案が出された場合を考えてみましょう。非核三原則のうち2つまで憲法に入るのはもちろん賛成だが、「もち込ませず」が入らないとなると、日本へ他国の核兵器を持ち込むことを容認するおそれがあるので、反対であるといった考えを持つ人も多くいると予想されます。彼らは賛成・反対、どちらに投票すればよいのでしょうか。

　また極端な話かもしれませんが、100人の有権者がいたとして、そのうち26人が賛成に、24人が反対に、残りの50人が白票を投じたとしても、賛成票は26票で、有効投票総数である50票の過半数を超えているので、改正が承認されてしまう制度になっています。

■日本国憲法と2012年の自民党憲法改正草案の相違の例

日本国憲法99条	天皇又は摂政及び国務大臣、国会議員、裁判官その他の公務員は、この憲法を尊重し擁護する義務を負ふ。
自民党憲法改正草案102条	①全て国民は、この憲法を尊重しなければならない。 ②国会議員、国務大臣、裁判官その他の公務員は、この憲法を擁護する義務を負う。

10 │「一の地方公共団体のみに適用される特別法」における住民投票

高校生

センター試験の過去問を解いていたら、「国会は、『一の地方公共団体のみに適用される特別法』を、その地方議会の同意がなければ制定することができない。」っていう選択肢あったんだけど、これって、正しいの？ 誤りなの？

レクチャー

1 │ 住民投票

　上の選択肢は誤りです。「地方議会の同意」のかわりに「その地方公共団体の住民の投票においてその過半数の同意」を入れると正しくなります。

　さて、住民投票というと、原子力発電所建設や米軍基地問題、市町村合併などについて問うたものが思い浮かぶかもしれません。

　しかし、これは日本国憲法95条の「一の地方公共団体のみに適用される特別法」における住民投票ではありません。地方自治体で住民投票条例を作った上で実施した住民投票です。

　条例に基づく住民投票は、あくまで首長や議会が判断するにあたって「尊重する」に過ぎないとされ、拘束力を持ちません。

　住民が直接に参加した住民投票の結果は首長や議会の判断を

しばりそうに思えます。しかし地方自治は首長や議会が様々なことを決定するという制度を前提としていますし、住民投票の争点には原発や基地など地方自治体の判断だけでは最終的な決定ができない問題も含まれているため、住民投票の結果が首長や議会を法的に拘束することは難しいです。

住民投票の結果が尊重されるにとどまることもあり、一般の選挙とは異なって、投票資格を18歳以上の日本人に限らない自治体もあります。

神奈川県川崎市では、永住外国人や日本滞在が3年を超える外国人らを含む18歳以上の住民に投票権があるとしています。

また沖縄県与那国町（与那国島）では、中学生・高校生を含む未成年者にも投票権が与えられ、2015年に自衛隊配備の是非を問う住民投票が行われました。

2 ｜ 憲法95条の住民投票

国会で作る法律は、北は北海道、南は沖縄まで日本全土に及びます。これに対して都道府県・市町村ではその自治体内にだけ適用されるものとして、条例があります。

この2つの間に、特定の地方自治体にのみ適用される法律というものが存在します。

たとえば広島平和記念都市建設法です。これは戦後広島市の復興を国がとくに財政面でバックアップするために、広島市にのみ適用されるよう作られた法律です。

このような特別法を作る場合は、住民投票が必要とされており、過去に19例ありますが、1952年が最後となっています。

> **日本国憲法95条**
> 一の地方公共団体のみに適用される特別法は、法律の定めるところにより、その地方公共団体の住民の投票においてその過半数の同意を得なければ、国会は、これを制定することができない。

3 | 憲法95条の復活？

　沖縄県ではアメリカ軍の普天間基地を辺野古に移設することが議論されています。国側は「辺野古が唯一の解決策」と主張し、沖縄県は、辺野古に基地を移設することは基地の固定化になるので移設には反対と、主張しています（2016年現在）。

　このような中で、アメリカ軍基地を辺野古にしなければならない法律はないので、辺野古に移設するのであれば法律が必要だが、それは憲法95条の住民投票が必要な場合であるという主張もなされています。

沖縄国際大学から見た普天間基地。真ん中の飛行機はオスプレイ。

11 | センター試験対策

高校生

来年、センター試験を受けるんだけど、18歳選挙権って、センター試験のヤマのヤマでしょ。

レクチャー

1 | センター試験対策

　センター試験では、選挙についてはよく出題されています。日本史では選挙権の拡大が出されます。現代社会や倫・政（倫理と政治・経済）では広く選挙についての問題が毎年、出題されています。
　たとえば2016年度の現代社会第3問の問5は以下のような問題でした。

> 　候補者による選挙運動や、選挙の際の原則に関する記述として最も適当なものを、次の①〜④のうちから一つ選べ。
> ①　日本では、選挙運動において、候補者による戸別訪問が、法的に認められている。
> ②　日本では、候補者の選挙運動の責任者などが、買収等の選挙犯罪で刑に処せられた場合でも、候補者本人の当選は有効である。
> ③　秘密選挙とは、投票内容について他人に知られないこ

④ 直接選挙とは、一定の年齢に達した者が、その財産や納税額などにかかわりなく、選挙権を行使できる選挙である。

とが有権者に保障されている選挙である。

答えは、③です。①の戸別訪問は認められていません。②は無効になります。③は正しく、④は普通選挙のことです。

もっとも問題の冒頭にあるリード文には、より直接的な内容が出題されたことがあります。2014年度の追試験の倫・政の問題です。18歳選挙権が実現する前ですが、第6問のリード文は以下の通りでした。

> 未成年者には国政・地方選挙における選挙権はないが、意見表明や政治参加の機会がさまざまな形で認められている。憲法上、未成年者も表現の自由、請願権を有しており、子どもの権利条約（児童の権利に関する条約）には、18歳未満の者の意見表明権の規定がある。憲法改正に関する国民投票法（日本国憲法の改正手続に関する法律）第3条では、投票権者は18歳以上の国民と規定されている。一部の地方議会は、18歳以上の住民に、住民投票への投票権を認める条例を可決している。また、政策の点検・評価の一環として、18歳以上の住民に、地方自治体が実施する事業の評価を行う会議への参加を呼びかける取組みもある。
>
> （一部抜粋）

この後に「未成年者であってもさまざまな権利や責任の主体

であり、意見表明や参加の機会も与えられている以上、社会の一員として、政治・経済の問題についても常に関心を払い、自らの意見をもっておく必要がある」と、締めくくっています。

　試験中、受験生はここまでは読んでいないんでしょうね……。今後は18歳選挙権の影響を受けて、センター試験でも選挙の項目は最重要ポイントとなるでしょう。

大学入試センター（東京都目黒区）。京王井の頭線の駒場東大前駅をはさんで、東京大学教養学部と反対のところにあります。

コラム6 アクティブ・ラーニングとしての生徒会活動

　高校生の皆さんは学校という小さな社会の主人公です。授業や行事、部活など様々な場面で、「もっとこうしたい！」と思うことがあるでしょう。そんなとき、皆さんが学校の主人公として、主体的によりよい学校作りに参加していく活動が生徒会活動です。

　しかし、現在の日本では生徒会活動が活発に行われているとは言えません。安保闘争や学園紛争を受けて1960年代以降、生徒会活動が制限され続けてきたことや、学校や教員が生徒のことを、教育を受け取る存在としてしか考えてこなかったことが影響しています。

　今、生徒が国家・社会の形成者として必要な政治的教養を身につけることが必要だと言われ、アクティブ・ラーニングなど生徒が主体的に学ぶ授業のあり方が注目されています。生徒会活動はまさに生徒が主体的に、社会の形成者として何が必要なのかを学ぶ絶好の機会になります。

　「政治的教養」というと難しそうに聞こえますが、決して難しいことではありません。まず、身の回りにある「あたりまえ」を疑ってみましょう。「校則に書いてあるから」「みんなが言っているから」という考えから離れることで主体的に考えることができるようになります。すると様々な問題が見えてくるはずです。

　そして、自分とは異なる考えを持つ人と意見を交換してみましょう。また、誰かの大切な思いを傷つけずに問題を解決する方法を考えてみましょう。

　このように物事を批判的に捉え、多様な価値観の中で解決方法を模索することが、よりよい学校を創る第一歩です。そして、それは同時に皆さんが社会の一員として、よりよい社会を創っていく第一歩でもあるのです。

第2章
高校生のための選挙運動

1 | 突然の電話の正体

 高校生

いつもLINEなのに、友だちから突然、電話が来たんだ。
そうしたら、今度の選挙でX候補をよろしくって。高校生がこんなことしたら、ダメじゃない？

 レクチャー

1 | 選挙運動とは

　選挙期間になると、候補者が駅前やスーパーマーケットの前でのぼりを持って演説したり、選挙カーに乗って「Y党公認X候補に1票を」と連呼することが行われますが、これらを選挙運動と呼びます。テレビやラジオでの候補者が主張を訴える政見放送もそうです。

　候補者を応援する支援者が電話で候補者への投票を呼びかけることも、選挙運動になります。

　選挙運動に似ているものとして、政治活動があります。選挙運動が誰かを当選させようとする活動であるのに対して、政治活動は特定の政策に賛成したり反対したり、あるいはそれが実現するように活動することです。

　選挙運動も政治活動も、憲法21条の表現の自由に保障されています。ですので、原則として自由です。

　しかし、選挙運動は選挙の公正さを維持するために、公職選

挙法で一定のルールが定められています。

たとえば株式会社では株主総会での1票（1株）をお金で買うことができ、それは違法でも何でもありません。選挙ではこういった行為は買収となり、禁止され、警察に逮捕されます。

ところで、選挙権年齢が18歳まで引き下げられたと同様に、選挙運動も18歳からできるようになりました。もっとも立候補の年齢は引き下げられていませんので、立候補者としての選挙運動ではなく、支援者としての選挙運動ができることになります。

2 | 選挙運動のルール

選挙運動のルールはたくさんあります。ここではすべて紹介できませんので、高校生が選挙運動をするという観点から、代表的なものにしておきます。

■選挙運動のルール

認められているもの※	認められていないもの
個人演説会	事前運動
街頭演説	複数候補者の立会演説会
政見放送	戸別訪問
電話・Twitter・Facebook	飲食物の提供
通常ハガキ・ビラ・新聞広告・選挙公報などの配布	署名運動
マニフェストの配布	選挙に関する人気投票

※ただし、一部制限あり。

ルールとして、まずは選挙運動ができる期間が決まっています。この期間より前に選挙運動をすること（事前運動）は禁止されています。またこの期間後、とくに投票日当日に選挙運動をするのもダメです。

なお、アメリカやドイツなどでは、そもそも選挙期間自体がありません。選挙カーに乗って、候補者名を連呼するというのは日本の独特の風景なのですが、これは選挙期間の短さから生み出されたアイデアかもしれません。

■選挙運動期間

選挙	期間
参議院議員	17日間
都道府県知事	17日間
衆議院議員	12日間
県議会議員	9日間
市長　市議会議員	7日間
町村長　町村議会議員	5日間

また選挙運動の時間にもルールがあります。車に乗って名前を連呼したり、街頭(がいとう)演説をしたりすることは午前8時から午後8時までとなっています。これは平日でも土日でも、東京と地方でも同じルールです。高校生が手伝うとしても、平日は放課後になるでしょうね。

もう1つのルールは、候補者や支援者が一軒一軒回って政策を説明し、「次の選挙ではぜひお願いします」といったお願いをすることはできないことです。これを戸別(こべつ)訪問の禁止と呼んでいます（詳しくはP.84）。しかし、冒頭のケースのように、電話で投票を依頼することは認められています。

さらに、選挙事務所に訪ねてきた人に食べ物や飲み物を提供することもできません。もっともお茶やお茶菓子を出す程度のことは許されています。

> **お弁当の数にもルールが……**
>
> アルバイトを含め選挙運動を手伝ってくれている人たちにお弁当を配ることができます。しかし、ここにもルールがあります。たとえば京都府では以下の数が決められており、値段も通常、1,000円以下のようです。
>
> **衆議院小選挙区選出議員**(候補者届出政党の選挙運動を除く。)
> 45食×12日=540食以内
>
> **参議院京都府選挙区選出議員**
> 63食×17日=1,071食以内
>
> **参議院比例代表選出議員**
>
> **京都府知事**
> 63食×17日=1,071食以内
>
> **京都市長**
> 45食×14日=630食以内
>
> **京都府議会議員・京都市議会議員**
> 45食×9日=405食以内
>
> **京都市以外の市長・市議会議員**
> 45食×7日=315食以内
>
> **町村長・町村議会議員**
> 45食×5日=225食以内

※京都府選挙管理委員会ホームページより。
　なお、弁当の数については、公職選挙法139条にその定めがある。

そのほかのルールとして、「核兵器に反対する」という署名は政治活動なので許されますが、「X候補に投票します」といったような署名を集めることは禁止されています。また新聞やテ

レビの世論調査はよいのですが、誰が当選するか予測するといった人気投票はできません。

コラム7 選挙でアルバイト

選挙運動で、買収はダメですが、選挙運動のアルバイトの人たちにアルバイト代を払うことはできます。

支払い可能な人	支払い可能な額
選挙運動のために使用する事務員	1日1万円以内
車上等運動員	1日1万5000円以内
手話通訳者	1日1万5000円以内

選挙運動のための事務員としての実際の仕事は、事務所で電話の受付をしたり、来客が来た際の対応をしたり、あるいは電話番やチラシ配りなどになるでしょう。

また車上等運動員は、選挙カーなどに乗って（船に乗ることもあります）、候補者の宣伝をしたり、手をふっていたりする人です。

1日8時間働いたとして、時給換算すると1,250円～1,875円ですから、かなり割りのよいバイトに見えますが、あくまで上限です。立候補する人は、すでに供託金（衆議院小選挙区に立候補した場合、300万円）などを支払っていますので、上限を支払えるほど選挙資金に余裕がないこともあります。

これら以外の選挙運動に従事する人には、報酬を支払うことができません。選挙運動は基本的にボランティアであるため、選挙運動員にお金を渡すと日当買収となり、違法な行為となります。

なお、高校生も選挙のアルバイトはできますが、学校の校則でアルバイトが禁止されているかもしれませんので、その点はよく確認することが必要です。

コラム8 選挙グッズの通販

今は何でもネット通販で買えますが、選挙グッズも買えます。

選挙用品ドットコム（http://senkyoyohin.com/index.html）によれば、ランキング1位は、ポスターです。

2位はたすきです。白地に本人の名前が記されているものだけでなく、「本人」「自由民主党」「公明党」「日本共産党」などヴァリエーションは様々です。肩がこらない軽量たすき。「光たすき」なるものも売られています。これは夜でも、名前の部分が光るようです。

3位は立札看板です。選挙事務所の前に立てるものです。大きさによって値段は変わります。

そのほか、のぼり、選挙ジャンパー・Tシャツなどなども売っています。

口コミならぬ、選挙体験記なるものまで通販サイトでは掲載しています。

選挙では、やはりダルマでしょうか。こんなのも通販サイトで買えるようです。

東京都議会（東京都新宿区）。都議会議員選挙は日本最大の地方自治体選挙です。

2 | 1票1000円で売りませんか?

高校生

この前、選挙の候補者から、部活の中で10票取りまとめてくれたら1万円、高校内で100票取りまとめてくれたら、ボーナスも入れて15万円払うって言われたんだよね。
もしダメなら、君の票だけでも1000円で買うって。
お金はほしいけど、これってマズイよね?

レクチャー

1 | 買収の禁止

　選挙のとき、お金で票を買う買収は当然、禁止されています。シャープペン、電子辞書などの物による買収もダメです。
　ラーメンをおごるなど食べ物や飲み物を提供すること、コンサートに招待することも禁止されており、金額が大きい・小さいは関係ありません。
　候補者が買収をすることはもちろん、関係者、たとえば親族や秘書も買収をしてはいけません。
　もっとも有権者個人から1票1000円で買うという買収はあまりないでしょう。よほど人口が少ない市町村でない限り、候補者側が破産します。よくあるのは、票の取りまとめをしてくれる人に、お金を渡して依頼することです。
　なお選挙を手伝ってくれた人たちに、法律で決められた額以

上を支払ったりすることも、買収となります。

2 | 連座制

候補者が有権者を買収した場合は、当選は無効になり、また同じ選挙、違反した選挙区からは5年間立候補できなくなります。

候補者に関係する人が買収を行った場合も同じように扱われます。これを連座制と呼んでいます。

■連座制の適用

関係者	連座制が適用される罪と罰
総括主宰者、出納責任者、地域主宰者	買収罪等の選挙違反を犯し、罰金刑以上の刑（執行猶予を含む）に処された場合
候補者等の親族、候補者等の秘書、組織的選挙運動管理者など	買収罪等の選挙違反を犯し、禁錮以上の刑（執行猶予を含む）に処された場合

※出納責任者は会計係で、組織的選挙運動管理者とはビラ配りや電話などの計画を立てたり、監督をしたりする人のことです。

なお高校生でも、関係者として相応の刑罰を受けることになると、連座制が適用され、候補者の当選は無効になります。

コラム9 被災地への寄付もダメ？

　高校の入学式や周年行事に、県会議員が来賓として出席していることがよくあります。

　もっとも政治家が顔を出すのは学校に限りません。たとえば市議会議員の場合、新年には地域自治会・農業組合・老人クラブの新年会、警察署の武道場の鏡開き、消防の出初式……。

　季節によっては、市内の県人会、法人会、お祭り、盆踊り大会。いろいろなところに顔を出し、ときには挨拶もしなければならないのです。

　同じように政治家の人たちは選挙区内に住んでいる人の結婚式や葬式に出席することもあります。

　このようなとき、日本では社会的儀礼として、お金を包むことがよくありますが、政治家の場合、これらはすべて寄付として禁止されています。

政治家の寄付禁止

秘書等が代理で出席する場合の結婚祝	地域の運動会・スポーツ大会への飲食物等の差入	お祭りへの寄附・差入
町内会の集会・旅行等の催物への寸志・飲食物の差入	みんなで徹底しよう 三ない運動　贈らない！　求めない！　受け取らない！　これらのものも、政治家の寄附禁止の対象となります。	落成式・開店祝等の花輪
病気見舞		お歳暮・お年賀
入学祝・卒業祝	葬儀の花輪・供花	秘書等が代理で出席する場合の葬儀の香典

総務省のホームページ (http://www.soumu.go.jp/senkyo/senkyo_s/naruhodo/naruhodo08.html#chapter1) より。

もっとも寄付というと、地震のあった被災地への寄付など、よいイメージがあるかもしれません。しかし政治家の寄付は不正や利益誘導につながってしまうおそれが高いので禁止されており、被災地支援の寄付もダメです。

　ただし、政治家本人が結婚式などへ出席し、ご祝儀を渡すことなどは認められています（北海道の結婚式は会費制が多いですが、会費を支払うことも認められています）。また親族に対してお祝いなどを渡すこともOKです。

　言うまでもありませんが、有権者の方から政治家に寄付を求めることも禁じられています。

　寄付と言えば、うちわか、討議資料かが問題になったことがあります。右下の図を見てください。30センチ弱の大きさの厚紙でできており、裏表に議員の名前やメッセージなどが記入されていると考えてください。

　討議資料であれば寄付ではありませんが、うちわであれば財産上の価値があるので寄付になります。夏の暑い日、駅前の演説会で配られたら……。

3 | 友だちの家に行ってお願いする?

高校生

中学校の同級生Xさんのお母さんが、今度、衆議院選挙で立候補することになったらしいんだ。
Xさんのお母さんには、昔、ピアノを習ったし、中学校時代の友だちの家を回って、投票するようにお願いしてみようかな。

レクチャー

1 | 戸別訪問の禁止

　家にいると、知り合いにかぎらず、いろいろな人が家を訪ねてくるのではないでしょうか。宅配便の人、訪問販売、新聞の勧誘、宗教の勧誘、NHKの人などなど。

　選挙でも、候補者や支持している人たちが、一軒一軒回ることはとくに問題がないように思えます。ところが、選挙期間中に、投票のお願いのために家庭、会社や事務所を一軒一軒訪問することは禁止されていますので、注意してください。

　ただし、個人演説会は禁止されていませんので、会社や工場などを回って、休み時間にたまたま集っている人たちに演説を行うことはできます。偶然、コンビニで会った中学校の同級生に「今度の選挙では、Xさんのお母さんのことお願いね」と依頼したりすることもできます。

2 | 戸別訪問の禁止は普通?

歴史的に見ると、戸別訪問が禁止されたのは、1925年に普通選挙が実現したときにさかのぼります。もっとも戸別訪問の禁止というのは、世界的には大変めずらしいものです。

多くの国では、戸別訪問は選挙運動として認められているだけでなく、安価で最も効果のある選挙運動の1つとして位置づけられています。カナダの法律では、マンションの管理人が戸別訪問をしようとする人を妨害してはならないとの規定もあるくらいです。

3 | 戸別訪問禁止の理由

なぜ、戸別訪問が禁止されているのでしょうか。

本来、候補者や支援者が知人、友人、隣の家の人などを訪ねて、その政策を唱え、それについて質問を受けたり、投票を依頼したりすることは当たり前のことで、犯罪視されるべきではないはずです。またこのような直接対話は憲法21条の表現の自由によって保障されているので、禁止にはそれなりの理由が必要でしょう。

戸別訪問の禁止の合憲性については、最高裁判所で争われたことがあります。結論としては合憲だったのですが、その際、最高裁は以下の理由を挙げています。

❶買収などの不正行為の温床となりやすい。
❷生活の平穏を害し迷惑がかかる。

> ❸多くのお金がかかってしまう。
> ❹感情に流されて投票してしまう。

　❶については戸別訪問による買収を取り締まればいいはずで、戸別訪問をすべて禁止にする理由にはならないでしょう。

　❷は期間や時間を区切るなどの工夫が考えられますし、しつこ過ぎる訪問はむしろ票を減らす可能性があります。

　❸は候補者が競って戸別訪問をすると、多額の費用がかかるということですが、これはボランティアの支援者を見つけられない候補者の論理ではないでしょうか。

　❹については、家に訪ねてきたからといって、その人に同情して投票する人などそんなにいるでしょうか。

　以上、戸別訪問禁止の合憲性を支える根拠は十分な説得力があるかどうか疑わしいと言えます。

4 | インターネット選挙解禁：いいね！

高校生

インターネット選挙解禁って、ネット投票ができるってこと？

レクチャー

1 | インターネットの選挙運動解禁

インターネットを通じた選挙運動は2013年4月に解禁されました。TwitterやFacebookなどのSNS、YouTubeなどの動画共有サイトなどを利用して選挙運動をすることが可能です。

ただしメールに関しては、候補者はよいのですが、有権者はNGですので、気を付けましょう。

またネット投票は現段階では実現していません。

■インターネットにおける選挙運動の可否

	政党	候補者	有権者
ホームページ	○	○	○
ブログ	○	○	○
SNS	○	○	○
動画サイト	○	○	○
電子メール	△※	△※	×

※あらかじめ選挙運動用の電子メールの送信を求めた人などに限ります。

インターネットで選挙運動をする際には、氏名・電子メールなど返信可能な連絡先を正しく表示しないといけません。つまり氏名を偽ったりすることができないということです。

またデマや誹謗中傷（ひぼうちゅうしょう）は禁止されています。もっとも原則としてインターネット上の表現は憲法21条の表現の自由によって保障されていますので、かなり悪質な表現でなければ罰せられません。

　なお有権者のメールのみ禁止しているのは、メールは密室性が高く、誹謗中傷・なりすましが広がるおそれがあること、解禁された場合、大量のスパムメールが送信されたり、それとともにウイルスなども送信されるおそれがあることなどが理由として挙げられているようです。しかし、これらの理由に対しては懐疑論もあり、また有権者のメールだけ禁止しているアンバランス感もあることから、今後、解禁される可能性もあるでしょう。

2 ｜ インターネット上の選挙運動

　インターネット上での選挙運動として考えられるものは、3つあります。

　1つ目として、ブログ、Twitter、Facebookなどを利用して、自分が当選してほしい候補者のことを宣伝したり、その人へ投票を呼びかけたり、特定の政策や政策に対する候補者の考えを分析して、候補者が当選しやすくなるように応援したりすることです。

　2つ目に、当選してほしいと思う候補者のTwitterやFacebookをフォローして、候補者の発言などをリツイートしたり、シェアしたりするなどして、共有・拡散することが挙げられます。

　また、選挙カーに乗って選挙運動をしている候補者をスマホで撮影したり、演説をしている動画を撮ったりして、友だちと共有することなどもここに含まれていると言えるでしょう。

3つ目に、とくにLINEでのメッセージのやり取りが挙げられます。有権者はメールでの選挙運動は禁止されていますが、SNSなどを通じたメッセージのやり取りについては自由です。ですので、たとえばLINEのグループなどで、特定の候補者を応援するようなやり取りをすることも可能となっています。

　選挙運動というと、なんだか遠いところにあるものと思っているかもしれませんが、気になる有名人をTwitterでフォローしたり、その人の発言をリツイートしたりということで、いつの間にか選挙運動をしていることもあり得ます。

3 ｜ 18歳未満の選挙運動の禁止とインターネット

　インターネットでの選挙運動は解禁されましたが、18歳未満の選挙運動は認められていませんので、18歳未満の高校生は以下のことに注意が必要です。

18歳未満の人ができないこと

掲示板やブログ
　掲示板やブログに選挙運動のメッセージを書きこむことはできません。

動画サイト
　他人が選挙運動をしている動画をYouTubeなどの動画共有サイトに投稿することはできません。

SNS
　候補者の発言や他人の選挙運動メッセージをリツイートしたり、シェアしたりすることはできません。

Twitterの場合

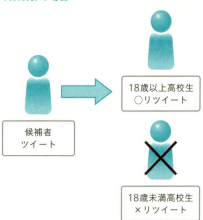

5 | 選挙違反になると……

高校生

**選挙で違反すると、警察に逮捕されるだけでなく、……死刑？
まさかね。**

レクチャー

1 | 選挙違反の罪の重さ

主要な選挙違反の刑罰は以下のようになっています。

選挙違反	罰
買収 （候補者等）	4年以下の懲役もしくは禁錮 または 100万円以下の罰金
買収	3年以下の懲役もしくは禁錮 または 50万円以下の罰金
戸別訪問	1年以下の禁錮 または 30万円以下の罰金
飲食物の提供	2年以下の禁錮 または 50万円以下の罰金
選挙後の挨拶	30万円以下の罰金

※懲役は刑事施設で所定の作業を課すもので、禁錮はそれを行わずに、拘置するだけという違いがあります。

次の図は、2014年の選挙違反事件において、警察から検察に送致された215人の違反の種類です。買収が圧倒的であることがわかるでしょう。

■2014年に実施された各種選挙の選挙違反事件　　　　（単位％）

※2015年3月14日までに送致（検察官に調べてもらうよう警察から検察へ送ること）されたものを含む。
「平成27年版犯罪白書」より作成。

　選挙違反の場合、逮捕・勾留（こうりゅう）されることはそれほど多くありません。検察統計によると、2014年の公職選挙法違反事件総数180件（既決、裁判がすでに確定したもの）のうち、警察及び検察で逮捕されたのは52件（29％）、逮捕されずに在宅のままとなったものは128件（71％）でした。

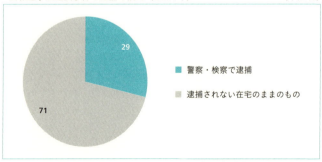

■公職選挙法違反事件の逮捕の傾向（2014年）　　　　（単位％）

法務省「検察統計2014年報」より作成。

また、起訴もそれほど多くありません。2014年に公職選挙法違反で公開の法廷での刑事裁判となった件数は41件（23%）で、略式命令（通常よりも簡単・迅速な刑事手続き）を受け罰金の支払いとなった件数は38件（21%）、不起訴は102件（56%）です。

■公職選挙法違反事件の起訴・不起訴の傾向（2014年） （単位%）

法務省「検察統計2014年報」より作成。

もし起訴されたとしても、刑務所に収容される実刑判決が下されることは少なく、有罪であるものの刑を執行せずに社会の中で様子を見る執行猶予が付くことが多い傾向にあります。

2 | 未成年者による選挙違反

未成年者が選挙違反を犯した場合、少年法の対象となり、家庭裁判所での審判が行われます。

しかし、18歳以上20歳未満の者が犯した連座制に関係する事件について、選挙の公正の確保に重大な支障を及ぼすと認め

られる場合には、家庭裁判所は原則として検察官送致しなければならないとされています。つまり、成人と同じように刑事処分が妥当であるとして手続きが進められます。ですので、場合によっては成人と同様、公開の法廷で刑事裁判を受けなければなりません。

少年審判のしくみ

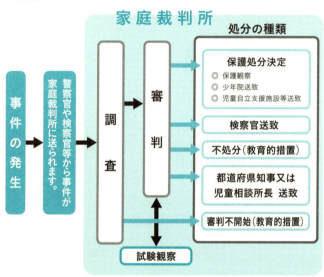

最高裁のホームページ（http://www.courts.go.jp/saiban/wadai/1801/）より。

6 | 政党の党員になるには

高校生

この前、偶然、Y政党のホームページを見つけたんだ。
「あなたもY党に参加しませんか？」とあって、党員を募集しているみたいなんだ。
党員って、なんかカッコよさそうだから、やってみようかなぁ。給料とかもらえる？

1 | 政党とは

　政党は、政治に関して、同じ考えを持つ人たちの集まりです。政治家だけではなく、一般の人も入党することができます。

　日本国憲法では政党についての規定はありませんが、結社の自由（21条）によって保障されています。国会について定めている国会法では「会派」と称しています。

　政治資金規正法などによれば、おおよそ以下の条件を満たしたものを政党としています。

- 国会議員が5人以上いること
- 前回衆議院選挙と前回・前々回の参議院選挙での得票率が2%以上であること

なお条件を満たしていない団体を政治団体と呼んでいます。
　政党になると、政党助成金を受け取ることができます。2015年の政党助成金の配分表を見ると、どんな政党があり、どのくらいの規模なのかがわかります。なお衆議院・参議院の議員数、そして前回衆議院選挙と前回・前々回の参議院選挙での得票数によって配分が決定されています。

■政党助成金の額（2015年）

自由民主党	170億4,908万円
民主党	76億6,812万円
公明党	29億5,212万円
維新の党	26億6,478万円
次世代の党	5億6,135万円
社会民主党	4億7,015万円
生活の党と山本太郎となかまたち	3億3,100万円
日本を元気にする会	1億1,963万円
新党改革	1億48万円
太陽の党	9,321万円

※日本共産党は政党ですが、助成金を受けとっていないため、このリストには掲載されていません。

　法律上、政党として認められると、主として以下のようなことができます。

- 衆議院・参議院選挙などで政見放送に出演できる。
- 衆議院選挙で比例区の重複立候補が認められる。
- 政党助成金を受け取れる。
- 企業から政治献金を受け取れる。

2 | 入党資格

18歳以上であれば、高校生でも党員になることができます。もっとも資格を日本国籍保有者に限っている政党もあります。

党員になると、給与をもらえるわけではなく、むしろ党費を支払わなければなりません。

自由民主党の場合、入党すると、党員証がもらえます。機関紙「自由民主」が講読できるほか、支部や地域の講演会などに参加することができます。

また2年以上継続して党費を納めていると、自由民主党総裁選にも投票できます。通常、自民党では内閣総理大臣の指名の際には総裁に投票することになっていますので、ある意味、首相を選ぶ権利があるとも言えるでしょう。

■入党資格（各政党のホームページより）（2016年現在）

政党	年齢（以上）	国籍等	党費
自由民主党	18歳	日本国籍（紹介党員が必要）	年4000円 年2000円（家族党員） 年20000円以上（特別党員）
民進党	18歳	日本国民	年6000円（機関紙の年間購読料含む） 年2000円（サポーター）
公明党	18歳	国籍不問（2名の紹介）	年3000円（+機関紙の購読）
日本共産党	18歳	日本国民（党員2名の推薦）	年収の1%（入党費300円）
日本維新の会	18歳	日本国籍	年3000円
社民党	18歳	日本国籍 日本に3年以上定住する外国人	40歳未満　月額1300円 40〜60歳未満　月額2000円 60歳以上　月額1000円

コラム10 女子高生よ、まずは選挙に行こう！

　かつては、女性であるがゆえに選挙に行ったり、政治に参加したりすることができなかったということを歴史で学んだことがあるでしょう。日本で女性が選挙権を獲得したのは、戦後のことです。戦後初の衆議院議員選挙（1946年）では、466名中39名（約8％）の女性議員が当選しました。

　では、2016年現在はどのようになっているでしょうか。女性議員は衆議院議員475名のうち45名（約9.5％）、参議院議員242名のうち38名（約15.7％）にとどまっています。日本の人口の半分強が女性であるのにもかかわらず、国会には女性が1割程度しかいないというのはどうなのでしょうか。

　他国の女性議員の比率を見てみると、2014年でドイツが36.5％、中国が23.4％、アメリカが18.3％であり、世界平均は22％程度と言われています。1割というのは先進国の中でも世界的にも最低水準なのです。

　そこで、女性の国会議員を増やすためには、どうすればよいでしょうか。

　1つは国会議員の議席の半分、または一定数を女性枠とする制度を導入すれば一気に解決します。しかし、これは憲法14条で禁止されている性別による差別にあたるおそれがあります。

　また衆議院の比例代表の順位で、1位・女性、2位・男性、3位・女性、4位・男性……というように、奇数に必ず女性候補者を配置するように政党に義務付けるという案もあります。比例代表の定数が180名ですので、単純に90名の女性が当選することになるのです。

　もっとも政党は勝てる候補者をまず第一に考えて選挙戦略を練りますので、このような制度が実現するかは未知数です。しかし、選挙で女性票が重要キーになるという情勢になれば、政党も目の色を変えて、制度導入に前向きになる可能性が高いです。

　また政府は2020年までに、国会議員だけではなく、指導的な地位に就く女性を30％にするという目標を掲げています。

　しかし、内閣府の女性の政策・方針決定参画状況の調べ（2009年）によると、指導的地位に占める女性の割合は、高等学校の教頭以上の職で6.6％、民間企業の課長相当職以上で6.5％、医師18.1％、弁護士16.3％にとどまっているのが現状です。

ところで、2015年度の大学入試センター試験の倫理、政治・経済の問題で、現実の状況に着眼した上で、積極的な機会の提供を通じて、社会的な格差を是正する例として、「女性教員が少ない大学の教員採用において、応募者の能力が同等の場合、女性を優先的に採用するという規定を定めること」という選択肢が正解でした。

30％を実現するためには、このような男女間の格差を解消するための積極的な政策（ポジティブ・アクション）が必要となるでしょう。選挙前には、このような政策を進める政党かどうかをチェックすることも必要です。

もちろん選挙で多くの女性が投票すれば、すべての問題が解決するわけではありません。そもそもの問題は指導的地位に就くのが男性で、それを支えるのは女性という性別役割意識が少なからず存在することにあると言えます。このような社会的・文化的に作り上げられた性差（ジェンダー）を変えていくことも同時に必要であることは言うまでもありません。

いずれにせよ、女子高生も18歳になったら、まずは選挙に行くことが重要です。

第 3 章
高校生のための政治活動

1 | 政治活動の今昔物語

 高校生

日本史の教科書に、東京大学の安田講堂で学生が機動隊と闘っている写真があったよね。おじいちゃんが写っているらしい。
でも、政治活動って、マジこわそー。

 レクチャー

1 | 政治活動のイメージ

　「世界のさかもと」こと、音楽家の坂本龍一の都立高校のころの回想録に「高校に入ったらもうすぐにいろんな大学のセクトを訪ねて歩いたのね。法政とか明治とか中央とか……それでいろいろな質問なんかしちゃって、革命はどういうふうに？　やっぱり武器でやるんでしょうかとか……高校二年生の時はもう街頭に出ていた。高校一年の時がちょうどジュッパチ（一〇・八）羽田闘争なんだよね。……ジュッパチの時はもう完全にやる気になっていた」（坂本龍一『SELDOM ILLEGAL』角川書店（1991）p121-122）とあります。

　ジュッパチとは、1967年10月8日の羽田闘争のことで、当時の佐藤栄作首相が、ベトナムを訪問するのを阻止しようと、学生が羽田空港に侵入しようとした事件です。

　皆さんの通っている高校でも、昔は学生運動があったのです。全共闘を叫ぶ生徒が学校をバリケード封鎖し、機動隊に対し

て火炎びんを投げる風景は東大安田講堂だけではありませんでした。

2 | 多様な政治活動

おそらく政治活動というと、このような学生運動のイメージから、こわい、あぶないといった印象を抱いているのではないでしょうか。

しかし、Twitter、Facebook、LINEなど、高校生が日常行っていることの中にもすでに政治活動があるのです。「消費税高すぎ！」といったつぶやきなど、政治に関わる内容であれば、政治活動になります。ですので政治活動は左翼（労働者が平等に扱われる社会を目指すなど革新的な考え方の人々）や右翼（日本の伝統を重んじるなど保守的な考え方の人々）の専売特許ではありません。

政治活動をするためには、政治や社会の情報を仕入れなければなりません。新聞・雑誌、とりわけ政党や団体の新聞を買って読むことも政治活動と言ってよいでしょう。

現在、日刊紙で一番売れているのが、読売新聞（914万部）です。2番手が朝日新聞（671万部）で、毎日新聞（323万部）、日本経済新聞（273万部）、産経新聞（160万部）［2015年］と続きます。

もちろん地方では地方紙がメジャーな新聞です。たとえば徳島県では徳島新聞が発行部数では23万5千部程度ですが、県内普及率が約76％もあります。新潟県でも新潟日報が発行部数約50万部とされていますが、県内の普及率が52％とかなり高いです。

政党の新聞として最大の発行部数を誇るのは日本共産党のしんぶん赤旗（日刊紙と日曜版を合わせて124万部）です。政府与党

である自由民主党が発行する自由民主（週刊）や公明党の公明新聞（日刊）もあります。公明党の場合、公明新聞よりも、支持母体の創価学会の聖教新聞（日刊で550万部）の方が圧倒的に売れています。

3 | 政治活動と表現の自由

憲法に「政治活動」という言葉はないのですが、政治に関して自分が考えていることを他人に伝える活動ですので、憲法21条の表現の自由により保障されてます。

> **日本国憲法21条**
> 集会、結社及び言論、出版その他一切の表現の自由は、これを保障する。

さて、60・70年代の政治活動の象徴である。ゲバ棒（角材のこと）、火炎びんも表現の自由によって保障されるでしょうか。

このような武器を使用することになると、やはり保障の範囲外と言わざるを得ません。これは憲法の条文で言えば、公共の福祉に反する行為になるからです。

> **日本国憲法13条**
> すべて国民は、個人として尊重される。生命、自由及び幸福追求に対する国民の権利については、公共の福祉に反しない限り、立法その他の国政の上で、最大の尊重を必要とする。

 そのほかデモ行進も、路上で多くの人に自分の主張を訴えかける表現であり、動く集会とも言えますので、21条に含まれます。といってもデモでは拡声器で大声を張り上げたり、道路の端を大勢で歩き、渋滞を引き起こしたりしますので、迷惑と思う人も多いでしょう。

 しかし多少迷惑となっても、政治的な表現の方が優先されると憲法は考えています。民主主義を維持していく上で多様な意見を様々な形で表現する余地を保障しておくことが重要だからです。

4 | 学内での政治活動

 高校生の学内での政治活動についても、表現の自由からすれば原則として自由と考えられますが、校内の秩序を維持するために校則（生徒心得）などで制限することもできます。たとえば先生の授業を妨害、中止させ、生徒が政治的な演説をすることは許されないでしょう。

 政治活動なんかやっていると、先生は「お前のためにならない」とか、「そんな暇があるなら受験勉強しろ」とか、「大学生になってからやれよ」とか言ってくるかもしれません。

しかし漠然とした理由で全面的に禁止にするということはできません。制限はちゃんとした理由がなければなりませんし、必要最小限度でなければらないのです。

　制限が必要最小限度かを考えるとき、表現の自由は人権の中でも民主主義の維持にとって不可欠の権利なので、厳格に審査しなければならないとされています。これを「二重の基準の理論」と呼んでいます。

5 ｜ 学外での政治活動

　放課後や休日などは、学校の管理下にあるわけではないので、政治活動は自由に行うことができます。

　もっとも保護者がダメだと言った場合は別です。お互いに話し合う必要があるでしょう。

文科省通知「高等学校等における政治的教養の教育と高等学校等の生徒による政治的活動等について」のQ&A（2015）

> 　放課後、休日等に学校の構外で行われる、高等学校等の生徒による政治的活動等は、家庭の理解の下、当該生徒が判断し行うものです。

　学校によっては、校則で、デモ行進への参加など学外での政治活動について届出を出すように求めているところもあるでしょう。届出制は許可制ではないので、学校が活動を不許可にすることはできません。

　ところで、表現の自由にとっては、委縮効果が最も重大な問題であると指摘されています。つまり学校に政治活動が把握

されることによって、何か不利益なことがあるのではないかと葛藤し、結局、政治的活動を差し控える事態になることです。

ですので、学校側は届出制となっていたとしても、生徒の表現の自由、そして思想・良心の自由（憲法19条）やプライバシー権（憲法13条）に配慮した対応が求められます。

文科省通知「高等学校等における政治的教養の教育と高等学校等の生徒による政治的活動等について」のQ&A（2015）

> 高校生の政治的活動等に係る指導の在り方については……必要かつ合理的な範囲内の制約となるよう、各学校等において適切に判断することが必要であり、例えば、届出をした者の個人的な政治的信条の是非を問うようなものにならないようにすることなどの適切な配慮が必要になります。

校則の例

> 生徒が下記の事項を行う場合は、1週間前に保護者の許可を得て担任に届け出る。
> (1) 集会
> (2) 校外団体参加
> (3) 海外旅行
> (4) キャンプ・登山等
> (5) 地域行事への参加
> (6) 選挙運動や政治的活動への参加

6 ｜ みんなでする政治活動

1人でも政治活動はできます。しかし、仲間を集めてワイワイガヤガヤやるのが楽しいでしょう。

ところで働く人たちが賃金をあげてもらう交渉などをする団体組織を労働組合と言います。労働組合の場合は、憲法28条に組合を結成し、活動する自由が保障されています。

> **日本国憲法28条**
> 勤労者の団結する権利及び団体交渉その他の団体行動をする権利は、これを保障する。

これに対して政治活動を行う団体の場合はどうでしょうか。先に紹介した憲法21条の表現の自由とも言えますが、憲法21条には「結社の自由」もありますので、むしろここから活動が保障されていると言えます。ですので学校は、高校生の政治的な団体だからといって弾圧したり、強制的に解散させたりすることはできません。

実際には、高校で政治的な活動を行う同好会を作る場合に問題となるでしょうか。憲法の趣旨を踏まえれば、ESS、てっけん（鉄道研究部）が認められて、政治的な同好会が認められないのはおかしいです。各学校で定めている部活や同好会の条件をクリアーしていれば、認められるべきだと考えられます。

2 | 内申書に書かれる？

高校生

デモに参加とかしたら、内申書に書かれるから、やめといたほうがいいかなぁ。

レクチャー

1 | 内申書と大学入試の調査書

　内申書は、正確に言えば、中学生が高校受験する際に、中学校から高校に送付される書類です。これは都道府県や学校により割合が異なりますが、合否の判断材料になります。とくに問題になるのが、自由記述欄です。ある意味、先生が生徒について思ったことを自由に書くことができるのです。

　高校生の場合、大学入試の際の調査書がこれにあたります。しかし推薦入試やAO入試は別にして、一般入試では調査書の良し悪しで合否が決まることはないと思います。とくに最近は入試の情報公開が進んでおり、個人の得点や合格最低点が公開されていますから、調査書が悪いという理由だけで不合格にはならないでしょう。実際のところ、学生の募集定員が数百人にもなる学部や大学では1通1通、見ている時間はないと思います。

2 | 麹町(こうじまち)内申書事件

内申書については1988年の興味深い判決があります。国会に一番近い中学校である千代田区立麹町中学校で起きた事件です。

中学校3年生X君が私立高校2校、公立高校を受験しましたが、いずれも不合格となりました。2次募集などでも2校不合格になり、そのうち1校は受験者95名中85名合格しており、学科試験では14番の成績だったにもかかわらず不合格となったのです。

実は内申書の記述に「校内において麹町中全共闘を名乗り、機関紙『砦(とりで)』を発行した。学校文化祭の際、文化祭粉砕を叫んで他校生徒と共に校内に乱入し、ビラまきを行った。大学生ML派の集会に参加している。学校側の指導説得をきかないで、ビラを配ったり、落書をした。」と書かれていたのです。

皆さんが高校の先生だったら、学科試験が合格点であっても、こんな生徒は合格させないでしょうか。しかし憲法には思想・良心の自由が規定されており、どのような考えを持っていたとしても、自由で、それを理由に差別することは禁じられています。

> **日本国憲法19条**
> 思想及び良心の自由は、これを侵してはならない。

最高裁判所は「いずれの記載も、上告人の思想、信条そのものを記載したものではないことは明らかであ」(上告人はX君)るとして、憲法19条に反しないとしていますが、果たして先の内申書の記述から彼の思想や信条が推測できないと言えるでしょ

うか。

実はX君は世田谷区長の保坂展人さんです。教育ジャーナリスト、衆議院議員を経て区長になりました。

最近は個人情報の開示制度の下、このような生々しい内申書の記載はないようですが、内申書や調査書によって、生徒の政治活動が委縮することがないとは言えないでしょう。

3 | 就職で不利？

高校卒業後、就職する場合はどうでしょうか。デモに参加していたら、不利になるでしょうか。

会社はどのような人を採用するかの自由があります。最高裁も、1973年の三菱樹脂訴訟事件で、特定の思想を持っている人の採用を拒否しても違法とはならないとしています。しかし採用の面接で思想を尋ね、それを理由に採用しないことは差別につながるのではないでしょうか。

> **三菱樹脂訴訟事件**
> 学生時代、学生運動をしていたことを隠して、就職したが、後に会社に判明したため、本採用を拒否された事件。

4 | 大学入試と政治思想

大学入試の場合は、国公立大学ではもちろん、私立大学でも国の認可、そして補助金を受けている以上、思想的に偏っている受験生を不合格にすることはできません。

たとえば入試問題で、憲法9条の改正について出題した際、反対の意見を書いた受験生すべてを点数を0点とすることなどは、信条の差別にあたり、憲法14条に違反することになります。

> **日本国憲法14条**
> 　すべて国民は、法の下に平等であつて、人種、信条、性別、社会的身分又は門地により、政治的、経済的又は社会的関係において、差別されない。

　ところで、2020年には大学入試センター試験が廃止され、大学入学希望者学力評価テスト(仮)が開始される予定です。1点刻みではなく、得点群による段階的評価に変更するという改革です。同時に各大学の試験において、高校までの学習成果を踏まえ、面接、小論文などをより重視する方向に進めるというのが現在の文部科学省の方針です。
　しかし面接は総合的な判断であるため、その中で面接官の偏見や選好が完全に排除できません。思想差別につながらないような入試制度の改革が重要になってくるでしょう。

3 | 制服デモ

高校生

SEALDsの高校生版で、T-ns SOWLが渋谷で安保法制反対のデモとかやっているらしいね。それも制服を着ている人もいたりして。道路の真ん中をみんなと歩くなんてなかなかできないよね。
でも、自分が参加するとなると、デモはやっぱり抵抗あるな。

レクチャー

1 | デモとは

　デモを見たことがあるでしょうか。お祭りの山車ではありません。プラカードやのぼりを持って、拡声器で大声を出して道路を歩くものです。それも大勢で。

　東京では国会周辺ではよく見られますが、日曜の午後に渋谷などでも行われています。

　国会周辺だと、日比谷公園（日比谷公会堂・日比谷野外音楽堂）がスタートかゴールとなって、国会を一周したりします。途中、首相官邸や財務省、外務省、通産省などを横目に見ながら、進みます。

　ところで、国会に近づくと、警察からプラカードなどを下ろすよう警察から指示を受けます。実は「国会議事堂等周辺地域及び外国公館等周辺地域の静穏の保持に関する法律」というのがあり、国会周辺では静穏さを保つことが求められているので

す。ですので国会に近づいた時点で「デモ行進」ではなく、衆議院・参議院の議員面会所前で国会議員への「請願行動」を行うための行進となるのです。

　地方ではあまりデモはないかもしれませんが、5月1日のメーデー（労働者の日）に労働組合の人たちが行進したりします。日本ではメーデーが休日ではありませんので（ドイツやフランスでは祝日です）、高校生の皆さんはあまり目にしたことがないかもしれません。

参議院選挙の投票を呼びかけるデモ

最近のデモ

　学生運動がさかんな1960・70年代では道路をジグザグに走るデモとか、機動隊と衝突するようなデモもありましたが、最近では平穏なデモが主流です。また拡声器で「絶対反対！」と叫び続けるより、ラップ調で「民主主義って何だ？　これだ！」と主張したりしています。

2 │ デモ行進の自由

お祭りやマラソン大会でもないのに、道路の真ん中を歩いていいのか？ 歩行者は歩道を歩くんじゃないか？ 自動車に乗っている人には迷惑ではないのか？

デモ行進を見ると、いろいろな疑問がわくと思います。

結論から言えば、それも自由なのです。憲法21条には、集会の自由が保障されており、これには動く集会としてのデモ行進の自由も保障されていると考えられています。

それゆえ、道路上でも堂々と歩けるのです。

> **日本国憲法21条**
> 集会、結社及び言論、出版その他一切の表現の自由は、これを保障する。

3 │ 警察の許可

デモは自由だといっても、国会周辺に何万人も集まってデモをしたら、交通が麻痺するかもしれません。2015年の安保法制反対デモのときは、国会周辺の地下鉄駅は人でごった返していましたし、駅のトイレも激コミでした。

また新宿の新大久保のコリアンタウンでは、コリアンの人たちに対する差別的な発言（ヘイトスピーチ）を含むデモが行われることもありますが、これに反対するデモもあります。賛成派・反対派が同じ場所で同じ時間にデモをすることになると、平穏さが維持できない可能性もあります。そこで混乱がないように

調整が必要になるのです。

このようなことから、集会の自由も法律などによって制限されます。もっともデモ行進を規制する法律はなく、都道府県で定めている公安条例がその役割を果たしています。

東京都の場合、「集会、集団行進及び集団示威運動に関する条例」が定められています。他の都道府県も大体同じような規定になっていますが、デモ行進を行う72時間前に許可申請書を警察署に提出し、許可を受けることになっています。

許可と聞くと、「原則禁止」というイメージが頭に浮かぶかもしれませんが、集会の自由から原則として許可しなければなりません。ですので許可制となっていますが、届出制とあまり変わりがありません。ただし交通状況に応じ、進路の変更など条件を付けられることがあります。デモ行進をする人たちの安全も警察は守らなければなりませんので。

なお、デモ行進をするといっても、最初に集まる場所が必要です。公園、そしてホールなどの公共施設を使用する場合は、まず場所を探し、許可を受けなければなりません。憲法上、自由があることが原則なので、先に予約が入っていたり、そもそも施設の構造上、集会に向かないなどでなければ不許可にはできません。

4 ｜ デモ行進による影響力の拡大

デモ行進して、一体何が変わるの？　と思うかもしれません。

しかし、最初は少数であっても、多くの人々が集まり、それがマスメディアに取り上げられ、大きな力となることがあります。これがまさにデモなのです。

もちろんインターネットの普及により、個人が自らの意見をアピールする場は増えたことは確かです。しかしデモはマスメディア、そして道行く人々、さらに政府へのアピールという点で未だ大きな発信力があります。

日曜日の夕方のデモ。スムーズに行進ができるように信号も手動の調整が行われたりします。

4 | 署名は学校統廃合反対のときだけではない！

高校生

駅前でよく署名集めている人がいるけど、集めた後、どうしてるんだろう。昔、小学校が統廃合されるってことで、PTAで署名集めてたかも。学校にクーラーを付けてほしいけど、署名集めて市長や市議会に要望してもいいの？

レクチャー

1 | 署名活動

　駅前や地域で署名を集めているのを見たことはないでしょうか。私立学校への公費助成の拡大、学校の統廃合反対、核兵器廃絶などなど。これも政治活動の1つです。

　署名簿には、名前・住所・年齢などを記載する欄があるのが普通です。もちろん記入したくない場合は記入しなくても構いません。

　最近はインターネット上でも署名を集めていたりもします。

2 | 駅前の署名活動

　署名を集めることも、憲法21条の表現の自由によって保障

されています。

ただし、駅前はJRや私鉄の私有地となっていることが多く、そこでは「許可を受けずポスター、ビラ等を掲示・配布・貼付等することは禁止する」と掲示されています。ですので署名を集める場合、まずは駅に相談することをおススメします。

これに対して、駅前には道路部分もあります。本来、表現の自由からすれば、自由に署名活動を行ってもよいはずですが、たとえば東京都では条例で「交通の頻繁な道路」では道路占有許可を警察署に申請することが求められています。これも事前に警察に相談した方がよいでしょう。

駅前などでのビラ配布や署名活動により、多くの人々はテレビや新聞などでは取り上げられていない様々な情報に接することができます。これらの場所は自由に思想の交換ができる場所なので、パブリック・フォーラムと呼ばれ、JRや警察は表現の自由を配慮する必要があると考えられています。

> **最高裁判決における伊藤正己元裁判官の意見**
> パブリック・フォーラムが表現の場所として用いられるときには、所有権や、本来の利用目的のための管理権に基づく制約を受けざるをえないとしても、その機能にかんがみ、表現の自由の保障を可能な限り配慮する必要があると考えられる。　　　　　　　　最高裁1984年12月18日判決

3 ｜ 署名を集めたら、どうするか

署名を集めたら、それを関係する機関に持参して、請願する

ことになります。

　憲法には16条で請願権が認められており、法律として請願法もあります。請願権は、「何人(なんびと)も」と書いてあるように、18歳以上かどうかは関係ありません。高校1・2年生でもできるのです。

> **日本国憲法16条**
> 　何人も、損害の救済、公務員の罷免、法律、命令又は規則の制定、廃止又は改正その他の事項に関し、平穏に請願する権利を有し、何人も、かかる請願をしたためにいかなる差別待遇も受けない。

　どこに持っていくかは、署名・請願の内容によります。
　たとえば新しく法律を作ってほしいような場合は立法機関である国会になります。国会と言っても、組織としては衆議院と参議院ですので、それぞれの院に署名を持って請願に行くことになります。地方議会もそうですが、紹介する議員が必要なため（議員の紹介がない場合は「陳情」とされます）、先に議員に請願していることが多いです。なお次のページの図は、衆議院への請願書の見本です。署名は本文の後ろに添付します。
　また文部科学省のような各省庁に署名を持参することもあるでしょう。日本の法律は国会議員が提案する議員立法よりも、各省庁で原案が作成されて内閣から提出される内閣提出法案が多いため（2015年1月から9月まで開催された第189回通常国会では内閣提出法案66件、議員立法12件が成立した）、各省庁に請願することも重要な意味があるのです。

地方自治体にも請願できます。首長、議会、教育委員会、学校にも、署名を集めて請願したりすることができます。

　私企業や私立学校にも、署名を集めて抗議や要望をすることもできます。これは憲法の請願権ではなく、表現活動として表現の自由の問題と考えられますが、国ではないので相手方に面会、そして署名を受け取る義務までは課すことはできません。

　そのほか、署名としては、地方自治の直接請求があります。たとえば市の条例を制定したり、廃止したりするには、市の有権者の50分の1の署名を集める必要があります。議会を解散したり、首長・議員を辞めさせたりするリコールには、第1段階として有権者の3分の1の署名が必要です。

請願書〈見本〉

表紙

```
平成___年___月___日
衆議院議長_____殿
　　　　_____に関する請願書
紹介議員_____（押印）
請願者　氏名_____外○名
　　　　住所　〒_____
```

本文

```
_____に関する請願書
一　請願要旨
　　_____
二　請願事項
1 _____
2 _____
```

5 | 熱血先生の一押し

高校生

担任の先生、今度のデモに参加するらしいんだ。
それにこの前の授業で、Y党のXさんに投票した方が、今後の日本はよくなると言ってたね。
これって、大丈夫なの？

レクチャー

1 | 先生の政治活動

　学校は政治的に中立でなければなりません。先生もそうです。もっとも完全に中立というのは世の中あり得ません。たとえば、一人ひとりが人として尊重されるという考え方も、否定する人はいないと思いますが、歴史によって獲得された1つの価値です。

　また社会科、とくに歴史の教科書は、中国、韓国との歴史認識の違いについてよく問題になっていますが、国によってかなり異なっているのです。

　そこで、教育の基本を定めている教育基本法では、政治的なことを全部禁止するのではなく、学校（先生）が特定の政党を支持したり、反対したりすることを禁止しています。

> **教育基本法14条2項**
> 法律に定める学校は、特定の政党を支持し、又はこれに反対するための政治教育その他政治的活動をしてはならない。

2 | 公立学校の先生

皆さんの出身校には、「〇〇市立」「△△県立」とついていなかったでしょうか。これらは私立学校に対して、公立学校と呼んでいます。公立学校の先生は、公務員です。

公務員は憲法でも「全体の奉仕者」とされ、仕事をする上で中立性を求められます。たとえば市の図書館の人が、図書を収集するときに、Y党の本だけを集めていたら、ダメでしょう。また保育園の相談に市役所に出かけたら、「W党の議員の推薦があれば、優先的に入れます」と回答されたら、困ります。

> **日本国憲法15条2項**
> すべて公務員は、全体の奉仕者であつて、一部の奉仕者ではない。

選挙においても、高校の先生が生徒に「Xさんに入れたら、テストで10点プラスするよ」といったようなことはできません。またクラスの生徒を特定の候補者の演説会に参加するように促したりすることもできません。顧問をしている部活の生徒に選挙のポスター貼りを手伝わせたりすることも禁止されています。

違反した人は1年以下の禁錮または30万円以下の罰金が科せられます。

> **公職選挙法137条**
> 教育者（…中略…）は、学校の児童、生徒及び学生に対する教育上の地位を利用して選挙運動をすることができない。

以上のように、授業、そして授業外でもそうですが、先生が次の選挙での推しメン言ったり、推しメンへの投票を呼びかけたりすることはできないのです。

3｜学校外での先生の政治活動

先生は仕事が終わっても、中立性が求められるでしょうか。本来、仕事が終わったら何をしてもいいはずです。また先生も人ですので、憲法の表現（政治活動）の自由が認められます。勤務中は仕方がないにしても、仕事がない日で、勤務する学校とは違う市町村でデモ行進に参加したり、Y党の候補者のポスター貼りを手伝ったり、演説の応援をしたりしたら、ダメでしょうか。

公務員は仕事の中立性だけではなく、国民への信頼を確保する必要があると言われ、たとえば国家公務員は24時間365日政治活動が禁止されています。とくに国家公務員の場合、刑事罰が科せられているので、違反したら、警察に逮捕されます。

これに対して地方公務員は勤務する地方自治体以外であれば政治活動は許されています。公立学校の先生はその中間で、警

察には逮捕されませんが、勤務する自治体以外でも政治活動を禁止されています。

先生は、生徒の見本となって日々行動すべきですが、先生も恋もすれば、好きな趣味もあるはずです。その1つに政治活動があってもよいのではないでしょうか。

最高裁判所は、1967年（当時）に郵便局員が選挙ポスターを掲示した行為について国家公務員法違反に問われた事件（猿払事件）について、国家公務員の勤務時間外の政治活動をも禁止する国家公務員法を合憲と判断しています。しかし国家公務員法の合憲性は維持しつつも、2012年の判決で、社会保険庁の職員が、休日に政党のチラシを配布した行為について無罪と判断しているケースもあり、このあたりは最高裁判決も変化の兆しが見られます。

4 | 憲法改正の国民投票における国民投票運動

憲法改正の国民投票は、一般の選挙とはちょっと違います。

一般の公務員は賛成・反対の投票の勧誘行為、そして憲法改正に関する意見表明はできますが、私立の先生も公立の先生も（大学の先生も！）、国民投票運動を効果的に行い得る影響力または便益を利用して、国民投票運動をすることができないとされています。

罰則がないので、あまり意味がないとも思えますが、学校において憲法に言及することがタブー化されるおそれも否定できません。

5 | 高校生から親への影響

　憲法改正の国民投票運動について検討した国会審議では、社会科の時間に先生が子どもたちに特定の憲法改正案に賛成・反対するように講話し、それが親に伝わり、影響を与えることが懸念されています。

　しかし、子どもたちが先生の話を聞いて、親たちと政策や憲法改正について話し合うというのは、まさに民主主義の実質化を目指す「熟議」として理想的な姿ではないでしょうか。

　さらに憲法は何十年、すなわち何世代にも渡って通用するものである以上、家庭内の熟議を通じて、投票権のない子どもたちが考えたことを親に代弁してもらうという重要な契機も存在すると言えます。

> **熟議**
>
> 　民主主義では十分な議論を尽くたうえで、決定することが重要ですが、最近ではその議論をより実質的にするために「熟議（deliberartion）」が叫ばれ、文部科学省も推進しています。

6 │ 生徒会って、政治活動?

 高校生

第一志望のW大学にAO入試があるらしいんだ。生徒会長とかやると、有利になるかな？
それとも政治活動っぽくって、不利になる？

 レクチャー

1 │ 生徒会と民主主義

　みんなのことはみんなで決める。このような民主主義の理念を私たちは学校で学びます。それは社会科だけではありません。小学校の児童会、中学校の生徒会、そして高校の生徒会を通じて実践的に学んでいます。

　生徒会会長や役員は、演説会などを通じて、選挙で選ばれます。また生徒会の方針や運営については各クラスの代表による会議、また生徒総会で議論し、多数決で決定します。まさに民主主義です。

　生徒会の中でも、生徒会長は重要な役割です。生徒会役員のまとめ役だけではなく、先生方、PTA、学外に対しても生徒会を代表します。日本国で言えば内閣総理大臣、会社で言えば代表取締役社長のような存在ですね。

　以上のようなことからすれば、生徒会に参加すること、そして生徒会長などの役員を務めることは、広い意味での政治的な

活動の「お試し」なものかもしれません。

2 ｜ 推薦・AO入試で有利？ 不利？

　大学進学率が55％程度（最高は東京で67％、最低は沖縄の40％、2015年現在）ですので、18歳世代の半分ぐらいの人たちが大学に進学していることになります。

　大学入試では、大学入試センター試験や各大学の一般試験のように、ペーパー試験が主流です。最近では推薦入試やAO入試が以前よりも拡大し、私立大学の入学者の半分ぐらいは推薦・AO入試を経ていると言われています。難関校でも積極的に導入されるようになり、東京大学も2016年度入試から推薦入試を開始しました。

　推薦・AO入試で、生徒会長が有利になるかというと、絶対ではないですが、相対的には有利になるとは言えるでしょう。

　まず出願する条件が、生徒会活動をしていたことだったりします。たとえば早稲田大学の社会科学部の全国自己推薦入学試験（2016年度）では高校時代の部活やボランティア活動のほか、「生徒会活動において、めざましい活躍をした者」が出願できるとしています。

　また東京学芸大学教育学部の家庭科の推薦入試（2016年度）でも、教員となる強い意欲や調査書の成績のほかに「生徒会……において特に積極的な参加をした者」に出願資格が与えられています。

　さらに推薦・AO入試では、面接がありますが、生徒会長は他の役員や先生方とも交渉したりしますし、また生徒総会などでの挨拶もしなければならず、そのような中で文章力やコミュ

ニケーション能力が向上することは確実でしょう。

早稲田大学の大隈(おおくま)講堂

コラム11 定時制高校の生徒にとっての選挙

　2015年現在、全国でおよそ10万人の生徒が高校の定時制課程で学んでいます。

　高校の定時制課程を、フルタイムである全日制課程に対し、英語ではパートタイムコースと呼んでいます。その名が示すとおり、一日あたりの授業時間が短いぶん、卒業までは3年以上かかります（3年間で卒業できる学校の割合も増えています）。

　もともと定時制高校は働く青少年のための高校教育の場として誕生し、現在、約4割の生徒が職業に携わっています。そのほか家事、子育て、通院、ボランティア、趣味などと学習とを両立させる生徒も多く在籍しています。また、しばらく学業から離れていて、再チャレンジを図ろうとする生徒や、日本での生活を始めて間もない生徒も増えています。このように定時制高校は、生徒数では全高校生のわずか3%に過ぎませんが、全日制課程よりも幅広い、さまざまな人生経験と多様な生活背景を持つ人びとからなる学びの場であると言えます。

　定時制高校に在籍する生徒のおよそ3分の1は20歳以上の成年者です。選挙権年齢が18歳に引き下げられたことにより、選挙権を

有する生徒の割合は在籍生徒の約6割に拡大することになります。これは全日制課程よりも、選挙権を有する生徒の比率が高いということを意味します。

　選挙に関わって、定時制の生徒に身近な問題としては、まず賃金のことが挙げられるでしょうか。生徒の多くは昼間、アルバイトなどをしていますが、時給は最低賃金に近いです。2015年10月の東京都の最低賃金は1時間あたり907円です。埼玉県は820円で、最低は鳥取県、高知県、宮崎県、沖縄県の693円です。

　最低賃金は最低賃金法に基づいて定められており、これを下回る賃金しか支払わない雇い主は罰則の対象となります。最低賃金は、厚生労働大臣または都道府県労働局長が中央最低賃金審議会または地方最低賃金審議会の意見を聞いて決定しますが、やはり景気がよくないと最低賃金も上がりません。

　たとえばアルバイトを探すとき、時給が10円高いか安いかに目が奪われがちですが、実はアルバイトの時給は最低賃金と連動していますし、最低賃金も日本、そして世界の景気に左右されているのです。そして景気対策こそが政治の仕事なのです。

　また2010年4月に公立高校の授業料は無償化されましたが、2014年4月から家計によっては授業料を支払わなければならないことになりました。埼玉県立高校では、全日制の授業料が年額118,800円で、定時制が32,400円となっています。なお入学時に入学金として全日制5,650、定時制2,100円が必要です（2016年現在）。これは「公立高等学校に係る授業料の不徴収及び高等学校等就学支援金の支給に関する法律」が、「高等学校等就学支援金の支給に関する法律」に改められたことによります。

　以上のように、選挙によって選ばれた国民の代表者が、国会における議論を通じて法律を定め、それによって具体的なしくみがつくられ、私たちの生活は大きく左右されるわけです。誰を代表者として選ぶかということは、重要な問題なのです。

　選挙権を持つ高校生には、自他の経験のうえにさらに想像力を働かせ、人びとの幸福な生活のためにはどのようなしくみやルール作りが必要かを考え、仲間同士で話し合ってみてほしいところです。その際には、選挙権を有しない仲間（日本国籍を持たない、あるいは18歳未満の生徒など）の未来を考えることも、あわせて求められます。

あとがき

　私が18歳になったのは高校3年生だった1990年12月です。翌月には大学入試センターをはじめとした大学入試がありましたので、当時、18歳選挙権が実現していたとしても、受験勉強が忙しいと、選挙に行かなかった可能性が高いです。

　1990年10月にはドイツ統一、1991年1月には湾岸戦争勃発と、今思えば、歴史の大きな転換点でしたが、当時、それほど政治に関心を持つことはありませんでした。バブル経済の真っただ中で、みんなとカラオケやディスコに繰り出すことがあっても、政治活動をするといったような雰囲気ではありませんでした。

　また曽祖父が元政治家ではありましたが、選挙運動は政治家や、政治家を目指す人だけがやるものだと思っていました。

　本書は、あのころの私だったら、どのようなことが知りたいかを念頭において企画・執筆しました。しかしすでに今の高校生にとってのオヤジ世代に突入している私にとってはなかなか困難な課題でした。そこで共同執筆者の方々のお力をお借りしました。とりわけ急な依頼であったにも関わらず、高校生に向けてわかりやすい説明とメッセージをお寄せ頂きました。感謝申し上げます。

　さて、本書の重要なキーワードは憲法からの視点です。

　選挙、そして選挙権は憲法15条・44条など、憲法に基礎があります。選挙運動と政治活動も憲法21条の表現の自由によって保障されているのです。

　高校生にとって、選挙権を与えられても、選挙は「義務」のように感じられるかもしれません。本書で述べたように、選挙

権は「権利」であり、選挙運動も政治活動も「自由」なのです。

その権利の行使として、ぜひ選挙権を持っている人たちには投票に行ってほしいと願っています。もっとも世の中には、宗教上、政治に一切関わらないとの考え方を持っている方々もいらっしゃいます。憲法の観点からは、それも「自由」であり、尊重されなければなりません。

そして選挙運動や政治活動は、本来、その道のプロだけのものではありません。小学校・中学校・高校で体験した児童会・生徒会の延長にあるはずです。もちろん学校での模擬とリアルな世界での活動の間にはギャップがあると思いますが、本書を通してそれを少しは埋めることができたのではないでしょうか。
「民主主義って何だ？」

2015年、安保法制の反対運動の中で、若い人たちの中から、このような叫びが生まれました。
「これだ！」
と思うものを高校生の読者の皆さんもぜひ考え続け、探してほしいと思います。本書がその一助になれば幸いです。

最後に湯川恭子さんには、本文を読んで、高校の先生の視点から内容、そして所々の表現に至るまで多くのご助言を頂きました。三省堂の木村好一さんは私の思い付きを企画として育ててくれました。同社の飛鳥勝幸さんには全体の構想から校正段階に至るまで大変お世話になりました。そのほか多くの人たちの支えによって本書は出来上がっています。深く感謝申し上げます。

2016年5月
斎藤一久

主要参考文献

森英樹『新版 主権者はきみだ』(岩波ジュニア新書、1997年)

山口二郎『政治のしくみがわかる本』(岩波ジュニア新書、2009年)

村林守『地方自治のしくみがわかる本』(岩波ジュニア新書、2016年)

奥平康弘『いかそう日本国憲法』(岩波ジュニア新書、1994年)

岩波新書編集部『18歳からの民主主義』(岩波新書、2016年)

松下圭一『政治・行政の考え方』(岩波新書、1998年)

菅直人『大臣 増補版』(岩波新書、2009年)

林芳正・津村啓介『国会議員の仕事』(中公新書、2011年)

内山奈月・南野森『憲法主義』(PHP文庫、2015年)

田村理『僕らの憲法学』(ちくまプリマー新書、2008年)

高橋源一郎・SEALDs『民主主義ってなんだ?』(河出書房新社、2015年)

高作正博編『私たちがつくる社会』(法律文化社、2012年)

西原博史・斎藤一久編著『教職課程のための憲法入門』(弘文堂、2016年)

工藤達朗編『よくわかる憲法〔第2版〕』(ミネルヴァ書房、2013年)

安念潤司ほか『論点 日本国憲法〔第2版〕』(東京法令出版、2014年)

飯田健ほか『政治行動論』(有斐閣、2015年)

姉崎洋一ほか編『ガイドブック教育法〔新訂版〕』(三省堂、2015年)

荒牧重人ほか編『新基本法コンメンタール・教育関係法』(日本評論社、2015年)

広田照幸監修・著『高校生を主権者に育てる』(学事出版、2015年)

広田照幸『教育は何をすべきか』(岩波書店、2015年)

18歳選挙権研究会監修『18歳選挙権に対応した 先生と生徒のための公職選挙法の手引』(国政情報センター、2015年)

18歳選挙権研究会監修『18歳選挙権の手引き』(国政情報センター、2015年)

主要索引

【あ行】

アダムズ方式 029, 031
違憲状態（判決） 029
―の地方公共団体のみに適用される
　特別法 065
1票の格差 018, 027
1票の格差の是正 028
インターネットの選挙運動 087
AKB総選挙 030

【か行】

外国人の選挙権 044
学外での政治活動 106
学内での政治活動 105
株主総会 030
川崎市の外国人市民代表者会議 048
期日前投票（制度） 003, 041
起訴 093
寄付 082
強制投票制度 038
禁錮 091
クリティカル・シンキング
　（批判的思考力） 024
結社の自由 108
憲法改正の国民投票 059, 125
憲法調査会 060
合区 020
麹町内申書事件 110
拘束名簿式 016
国民投票運動 060, 125
個人演説会 084
戸別訪問の禁止 076, 084

【さ行】

在外投票制度 052
最高裁判所裁判官の国民審査 005, 054
最低投票率 063
猿払事件 125
参議院選挙 006
参議院通常選挙 017, 037
事前運動 075
執行猶予 093
集会の自由 115
衆議院（総）選挙 004, 014, 037
衆議院の解散 022
衆議院比例代表選挙 015
衆参同日選挙 007
住民投票 065
受刑者の選挙権 049
死票 017
18歳未満の選挙運動の禁止 089
熟議 126
小選挙区制 014
小選挙区選挙 015
少年審判のしくみ 094
女性議員 098
署名活動 077, 118
ジョン・クインシー・アダムズ 034
シルバー民主主義 025
請願権 120

請願書	120
政見放送	074
政治家の寄付禁止	082
政治団体	096
政党	095
政党助成金	096
生徒会活動	127
生徒心得	105
制服デモ	113
惜敗率	017
選挙運動	074
選挙運動期間	076
選挙運動のルール	075
選挙グッズ	079
選挙権の拡大	013
選挙権・被選挙権の停止	049
選挙のアルバイト	078
先生の政治活動	122
送致	092

【た行】

大選挙区制	014
懲役	091
中選挙区制	014
重複立候補制	016
直接国税	013
直接請求	121
陳情	120
デモ（行進）	105, 114
投票時間	002
投票所入場券	002
投票用紙	004
投票率	035
ドント方式	020

【な行】

内閣提出法案	120
内申書	109
二重の基準の理論	106
日本国憲法前文	044
日本国憲法1条	044
日本国憲法7条	022
日本国憲法13条	105
日本国憲法14条	112
日本国憲法15条1項	039, 045
日本国憲法15条2項	123
日本国憲法16条	120
日本国憲法19条	110
日本国憲法21条	074, 085, 104, 108, 115
日本国憲法28条	108
日本国憲法44条	026
日本国憲法45条	015
日本国憲法46条	018
日本国憲法69条	022
日本国憲法80条1項	056
日本国憲法95条	066, 067
日本国憲法96条1項	059
日本国憲法99条	064
入党資格	097
年代別投票率	037

【は行】

買収の禁止	080
パブリック・フォーラム	119
1人1票	025
比例代表制	014
比例代表選挙	020
複数投票制度	026

不在者投票制度 049
普通選挙法 012
普天間基地、辺野古移設 067
ヘイトスピーチ 115
発議 058

【ま行】

未成年者による選挙違反 093
三菱樹脂訴訟事件 111
メーデー 114

【や行】

洋上投票制度 053
ヨーロッパ人権裁判所 051
与那国町の住民投票 066

【ら行】

リコール 121
略式命令 093
連座制 081
労働組合 108

選挙に関係する英単語リスト

- ☐ 下院議院　congressman
- ☐ 国会　Diet
- ☐ 議会　congress, parliament
- ☐ 寄付　donation
- ☐ 義務　duty, obligation
- ☐ 刑務所　jail
- ☐ 権利　right
- ☐ 憲法　constitution
- ☐ 候補者　candidate
- ☐ 国勢調査　census
- ☐ 国籍　nationality
- ☐ 国民　nation
- ☐ 国民投票　referendum
- ☐ 最高裁判所　Supreme Court
- ☐ 裁判所　court
- ☐ 熟議　deliberation
- ☐ 主権　sovereignty
- ☐ 上院議員　senator
- ☐ 少数派　minority
- ☐ 請願　petition
- ☐ 政治　politics
- ☐ 政治家　politician, statesman
- ☐ 政党　political party
- ☐ 選挙　election
- ☐ 訴訟　lawsuit
- ☐ 大臣　minister
- ☐ 多数派　majority
- ☐ デモ　demonstration
- ☐ 投票　vote
- ☐ 投票率（数）　poll
- ☐ 内閣　cabinet
- ☐ 内閣総理大臣　prime minister
- ☐ 買収　bribe
- ☐ 罰　penalty
- ☐ 犯罪　crime
- ☐ 判決　judgment
- ☐ 表現の自由　freedom of expression
- ☐ 平等　equality
- ☐ 法　law
- ☐ 法律　legislation
- ☐ リコール　recall
- ☐ 労働組合　labor union

執筆者

石井淳一
埼玉県立所沢高等学校定時制課程教諭
担当：コラム11

石堂敬介
鷗友学園女子中学高等学校／田園調布学園中等部高等部講師
担当：コラム6

小池洋平
早稲田大学社会科学総合学術院助手
担当：Ⅰ章2、3、4、5、6、8、9　コラム4

斎藤一久
担当：はじめに　Ⅰ章1、7、11　Ⅲ章1、2、3、4、5、6　コラム1、3、8、9

唐仁原友紀
東京都立東大和南高等学校教諭
担当：コラム5

中井真理
東京女学館中学校・高等学校教諭
担当：コラム10

古家正暢
東京学芸大学附属国際中等教育学校教諭
担当：コラム2

安原陽平
沖縄国際大学総合文化学部講師
担当：Ⅰ章10　Ⅱ章1、2、3、4、5、6　コラム7

協力

湯川恭子
学習院女子中・高等科／明治学院東村山高等学校非常勤講師

編集協力：(株)翔文社　　本文組版：エディット

編著者

斎藤一久
東京学芸大学教育学部准教授

略歴

2004年早稲田大学大学院法学研究科博士課程後期課程満期退学。早稲田大学助手、日本学術振興会特別研究員、東京学芸大学教育学部専任講師を経て、2008年より現職。その間、テキサス大学ロースクール客員研究員、フランクフルト大学法学部客員研究員、大学入試センター試験出題委員。

主な著作

『教職課程のための憲法入門』(編著)(弘文堂、2016年)
『よくわかる憲法〔第2版〕』(共著)(ミネルヴァ書房、2013年)
『重要教育判例集』(東京学芸大学出版会、2012年)

高校生のための選挙入門

2016年7月20日　第1刷発行

編著者：斎藤一久
発行者：株式会社 三省堂　代表者　北口克彦
印刷者：三省堂印刷株式会社
発行所：株式会社 三省堂
〒101-8371
東京都千代田区三崎町二丁目22番14号
電話　編集　(03)3230-9411　営業　(03)3230-9412
振替口座　00160-5-54300
http://www.sanseido.co.jp/

落丁本・乱丁本はお取り替えいたします
©Kazuhisa SAITO 2016
Printed in Japan
ISBN978-4-385-36073-7
〈選挙入門・144pp.〉

> ®本書を無断で複写複製することは、著作権法上の例外を除き、禁じられています。本書をコピーされる場合は、事前に日本複製権センター(03-3401-2382)の許諾を受けてください。また、本書を請負業者等の第三者に依頼してスキャン等によってデジタル化することは、たとえ個人や家庭内での利用であっても一切認められておりません。